アフリカから世界へ、そして甲子園へ

堤尚彦

おかやま山陽高校野球部監督
ジンバブエ代表監督（東京オリンピック予選）

規格外の高校野球監督が目指す、
世界普及への歩み

TOKYO NEWS BOOKS

目次

※本文中のデータ、肩書きなどは2023年6月時点のものとなります

序章　二つのメッセージ

異端の野球人

　２０１９年５月。私は真っ赤な上着に白いパンツを組み合わせたユニホームに袖を通し、野球場のベンチに立っていた。グラウンド、ベンチで飛び交う言葉は英語。高校野球に詳しい読者の方々は、少し違和感を覚えたのではないだろうか。高校野球では、ユニホームの上下の色が異なる、〝ツートンカラー〟が禁じられている。さらにプレー中に発せられる言語は日本語ではなく、英語。そう、私はこの時期に開催される高校野球の春の公式戦ではなく、日本から約１万３０００キロ離れた、アフリカのジンバブエ共和国の代表チームの監督として、20年に開催が予定されていた（新型コロナウイルス感染拡大の影響により、21年に延期された）東京五輪本選の出場を懸けたアフリカ予選を戦っていた。

　代表監督に就任するまでの経緯や直前の合宿の模様にテレビクルーが密着してくれ、予選終了後にテレビ東京系の番組『追跡ＬＩＶＥ！　ＳＰＯＲＴＳウォッチャー』で特集が組まれた。「高校野球の指導者が、他国の代表チーム監督との二足のわらじを履く」という、おそらく前例のない挑戦だったため、放送には一定の反響があったと聞いている。本書の各章で詳しく記すが、この「野球後進国での野球の風景を、多くの人に知ってもらう」ことこそが私がジンバブエ代表監督に就任した最大の理由だった。

日本では長らく〝国内最大のメジャースポーツ〟と言っても過言ではない野球だが、広い世界を見渡すと、決して盤石の存在ではない。私は大学卒業後、青年海外協力隊の一員として、1995年からジンバブエで野球の普及活動に従事したが、ジンバブエにおいて野球は、はっきり言って〝マイナースポーツ〟だった。ジンバブエで盛んなスポーツはというと、ラグビー、クリケット、そしてサッカーだ。よくサッカーが普及する理由として、「一つのボールと広場があればできるから」と唱える人がいるが、歴史をひもといていくと少々実情は異なる。高校社会科教諭の立場として言わせてもらうと、サッカーがこれだけ広まったのは、「イギリスが多くの植民地を持ち、その植民地でイギリス発祥のスポーツであるサッカーが根付いたから」に他ならない。半面、アメリカ、ニューヨーク州のクーパーズタウンで発祥したとされる野球はどうだ。イギリスと違い、アメリカは植民地をわずかしか持たなかったため、サッカーのような流れで競技人口を拡大することができなかった。さらに、ヨーロッパから独立した経緯を持つアメリカ発祥のスポーツという事情もあり、欧州各国でないがしろにされたという背景も絡んでくるだろう。

少し話が逸れた。私が生まれて初めて暮らした海外であり、野球後進国であるジンバブエで痛感したのは、「野球は世界的に見れば、絶対的なメジャースポーツではない」という事実だった。日本国外に出なければ気づくことのなかった、野球の立ち位置に私は衝撃を受けた。

それからというもの、「世界に野球を広める」ことを自分の使命と位置づけ、青年海外協力隊員として、また、帰国後に入社したスポーツマネジメントを核とする会社でのビジネスマンとして、そして現在に続く高校野球の指導者としての立場から、様々な野球普及活動に取り組んできた。

17年夏に、私が監督を務めるおかやま山陽高校が野球部史上初の甲子園出場を果たした際に、私の元・青年海外協力隊員という肩書とともに、私たちが取り組んでいる「中古野球道具を発展途上国に発送する」という活動（P138【図①】）が広く取り上げられた。中古野球道具の寄付は、非行に走る生徒たちに、「自分たちも誰かの役に立っている」という実感を持たせたいという思いから、11年以降野球部を挙げて取り組んでいる活動だ。選手たちが、小・中学生時代に使用していたグラブ、バットなどを集め、野球の普及が十分でない発展途上国に寄付している。甲子園に出場したことで、私たちの取り組みが岡山県外にも伝わるようになり、全国から中古野球道具が学校宛てに送られるようになるなど、活動の輪は広がっている。年数を重ねるごとに、「世界に野球を広める」という目標に向かって、着実に前進できている……。そう信じていたが、昨今、その思いが揺らぎつつある。というのも、世界はおろか、圧倒的な人気を誇っていた日本国内でも野球の立ち位置が危うくなっているからだ。

少年野球でプレーする選手、チーム数は右肩下がりで減少。多忙な校務に追われ、しばしば〝ブラック〟と評される教員たちの業務負担軽減を目的とした部活動指導の〝地域移行化〟の動きに伴い、活動時間が大きく制限され、中学校の軟式野球部は全国的に崩壊寸前とも言える。高校野球でも、一部の強豪校を除くと、1、2年生だけでチームを組む秋の公式戦で、ベンチ入りの上限を満たせないチームが無数に存在している。今、日本球界は未曾有の大ピンチを迎えている。私は、かつて〝敵なし〟と言われながらも進化の機会を逃し絶滅した恐竜のように、国内最大のメジャースポーツであった野球が滅びてしまうのではないかと不安で仕方がないのだ。

今回、筆を執ったのは、海外を含む私の経験、もっと言えば私の人生を伝えることで、野球の現状を知ってもらい、これからの野球界に必要なことを読者に考えてもらいたいという思いに尽きる。よくベテランの高校野球指導者と話すと、「まあ、オレの定年まではなんとかもちそうだしな」というふうに、野球界の窮状を〝他人事〟のように捉えていると気づくことがある。だが、皆がそれでは確実に野球は終わる。この本を手に取った読者の多くは、野球をやっている人、やってきた人、もしくは少なからず興味がある人だと思う。野球に魅せられ、野球に夢をもらったあなたたちが、この本をきっかけに、今よりも野球界を良くしようと思ってくれれば、こんなに心強いことはない。

「野球界のピンチを伝える」が表のメッセージだとすると、本書にはもう一つ〝裏メッセージ〟を込めている。

私は、小学生時代の挫折と中学入学後の素行不良が重なり、中学校では野球部に所属していない。高校で再び野球を始めたものの、無名の都立校の野球部員にすぎず、高校時代の最高成績は2年生夏の西東京大会32強。甲子園は「ＫＫコンビ（ＰＬ学園の桑田真澄と清原和博）のような怪物たちが行く場所」と思っていて、行きたいなんて1秒たりとも思ったことがなかった。大学は日本一に輝くような名門大になんとか〝もぐりこんだ〟が、先輩、同期、後輩に後のプロ野球選手が数えきれないくらいいる戦力層に弾き返され、公式戦やオープン戦の出場はゼロ。野球部員を数チームに分けて行うチーム内リーグ戦における8打席が試合出場のすべてという、補欠とすら言えないレベルだった。日本野球界において何ら実績を持っていなければ、誰かにみっちりと野球のいろはを説かれたこともない。海外での野球普及活動、人生の節目、節目で出会った方々の言葉から〝独学〟で野球を学んできたと自負している。もっと言えば英語やパソコンも独学だ。そんな人間でも、色々な縁を力に変えて、監督として春夏1度ずつ甲子園に行くことができた。この本を手に取っている人の中には、現役の野球指導者で、「自分の指導は正しいのか」「もっとできることはないのか」と悩んでいる人もいるだろうと思う。そんな人たちが読み終えた後、「自分も指導者としてやっていけるんじゃないか」と希望を抱いてくれたら……。これが裏メッセージであり、執筆にあたってのもう一つの原動力だった。

野球界にとって、「野球はどのスポーツよりも優れている」と信じている人にとっては、耳の痛い、説教のように感じられる話も出てくるが、笑ってほしいところでは笑ってもらえるようにと意識しながら、私自身の失敗も包み隠さず、思いのたけを綴ったつもりだ。

私、堤尚彦という無名でいて異端の野球人が歩んできた数奇な人生と、愛する野球への思い、かつてない危機に直面している野球界への提言に、しばしお付き合いいただけると幸いである。

第1章　原点

故郷は滝野

私、堤尚彦という人物を説明する際に、真っ先に語られるのは青年海外協力隊員として海外に赴いた経験である。野球の普及、指導を担う野球隊員としてジンバブエ、ガーナの2カ国で過ごした。

海外に行く前後にも、私は国内の色々な土地で生きてきた。10代の大半を過ごした東京、大学4年間を暮らした宮城、協力隊の活動後にビジネスマンとして働いた福岡、そして、高校野球の指導者となった現在の戦いの場である岡山。国内外の様々な土地に移り住む、〝根なし草〟のような人生を送っている。故郷らしい故郷がない私だが、「ルーツはどこか？」と聞かれたら、出生地である兵庫県の加東郡滝野町と答える。

加東郡滝野町は、2006年の市町村合併で加東市になった。加古川市などを含め、兵庫県内では「播磨地方」と呼ばれる地域だ。様々な形をした大きな岩が川底にひしめき、激しい川の流れを生んでいる「闘竜灘」があることでも知られている。この自然あふれる土地に生まれ、小学4年生の途中まで過ごした。

野球に興味を持つきっかけは、幼稚園時代に食卓で流れていたラジオだった。母が「テレビよりもラジオ派」で、朝食時はラジオを聴くのが堤家の習慣となっていた。朝食の時間に放送されていた朝の番組に、無類の阪神タイガースファンのパーソナリティー・道上洋三がいて、別に野球の番組でもないのに、前日の試合内容を中心に、ひたすら阪神について話しまくるのだ。それを聴いて「阪神って、野球っておもしろいんだなあ」と感じた記憶が、おぼろげながらもある。

そこから兵庫のローカルテレビ局「サンテレビ」で阪神戦を見て、ブラウン管の奥で繰り広げられる熱戦に声援を送る日々が始まった。6歳、幼稚園の年長生だった1977年の大洋ホエールズ戦で、阪神の左翼手・佐野仙好《のりよし》がダイビングキャッチを試み、川崎球場の外野フェンスに激突。ぶつけた左頭部から激しく出血し、戦線離脱を余儀なくされた試合があった。このシーンがやけに印象的で、もちろんショッキングではあったのだが、1球に対する執念というか、大人が見せる気迫に、幼年ながら魅了されたのを覚えている。翌日からは幼稚園の教室にあった机を積み重ね球場のフェンスに模して、佐野になりきって毎朝、激突シーンを何度も再現していた。どう考えても危険な行為を繰り返す、担任泣かせの不良園児である。

一番好きな選手は掛布雅之（元・阪神）。縦じまを身にまとったスーパースターが左打席から描く放物線は、それはもう格好良かった。現代の子どもたちが〝世界の二刀流〟となったロサンゼルス・エンゼルスの大谷翔平を見るようなまなざしで、テレビ画面を見つめていたものだ。掛布の背番号「31」がプリントされた阪神のユニホーム風Tシャツを普段着にし、洗い替え用は背番号「22」の田淵幸一バージョン。当時の写真にも、ことごとく縦じまを着て写り込んでいる。

その後、誰かから「やれ」と言われたわけでもなく、自然と野球に興味を持ち、のめり込んでいった。そうなると、会社のチームで野球をやっていた父のグラブやスパイクに目がいくようになる。「自分も野球をしたい」という気持ちは、自然と芽生えていった。

本格的に野球を始めたのは小学校3年生。まず、父親が指導者として関わっていたソフトボールチームに2年生のときに入って、父親たち指導者陣が「軟式野球のチームも作ろう」と盛り上がって誕生した「闘竜」という少年野球チームで、私の野球人生がスタートした。チーム名の由来は、言わずもがな、地元・滝野の観光スポット、闘竜灘である。

当時の家の裏に位置していた五峰山《ごぶさん》という山の上に、ソフトボールの練習場があった。放課後になると友達と「先に自転車を降りた方が負けな」と言って、どちらが上り坂で自転車を長くこげるか競争。反対に帰りは「どこまでブレーキをかけずに坂を下れるか」を勝負して楽しんだ。下り坂では加速した自転車を制御できず、田んぼに突っ込むこともしょっちゅう。今思うと危険極まりないが、幼少の私には楽しくて仕方がなかった。

上級生も含め、気心知れた仲間たちとプレーする野球、ソフトボールは、おもしろかった記憶しかない。やればやるほど上達する喜びがあり、勝ってみんなと喜び合う、負けたらみんなで悔しがる。野球を、スポーツを純粋に楽しめていた時期だった。大会で優勝したときだけ、監督が連れて行ってくれた近所の「大橋中華そば」で食べた播州ラーメンのおいしさは今も、ありありと思い出せる。

学校の休憩時間には、同級生と「ハンドベースボール」で遊んだ。ドッジボール用のボールを、腕をバットに見立てて野球をするので、冷静に考えるとかなり腕が痛くなる。でも、青紫色に腫れあがったそんな痛みも小学生当時は気にならなかった。遊べるうれしさと楽しさが勝っていたからだと思う。

野球以外では、辺りに落ちている板を集めて、3歳上の兄・雅彦とともに秘密基地を作ったり、五峰山を探検したり。1人で過ごす時間も好きだったので、闘竜灘に赴いて、小学生なりに物思いにふけってみたり……。近所の布団屋さんに忍び込んで、店の防犯用の赤外線に触れないように、商品の布団の物陰に身をひそめる遊びに興じたこともあった。小学生の自分にとっては、すべてが初体験でドキドキ、ワクワクが連続する毎日。布団屋さんを経営する大熊さんご夫婦をはじめ、近所の大人たちは自分をかわいがってくれて、滝野の豊かな自然と温かい人々に囲まれて過ごす日々は幸せだった。

だが、小学4年生の1学期中に父の転勤が決まり、夏休みに入ったタイミングで東京に引っ越さなければならなくなった。兄と自分が通っていた小学校で1学期の終業式を終えた後に、家族は東京に向かったが、私は「もっとここにいたい！」と抵抗。夏休みにソフトボールの大会があり、どうしてもチームメートと出場したかったのだ。幸い、隣に住んでいた同級生の家庭が「うちでよければ」と救いの手を差し伸べてくれ、夏休みの期間中、居候をさせてもらった。出場を熱望していたソフトボール大会では、見事優勝。名残惜しさはひとしおだったが、〝有終の美〟を飾り、生まれ育った町を去った。

指導者となった現在は、加東市にある社《やしろ》との練習試合で幼年の実家付近に訪れることが時々ある。20年の秋に訪れた際には、かつて友達と白球を追いかけたグラウンドを再訪。朽ち果てたベンチやバックネットを見て、懐かしさと哀愁の念がこみ上げた。道中では、闘竜チームのユニホームを着た野球少年たちを見かけ、発足から約40年が経過しても活動していることに驚きと喜びを感じたものだ。

小学生のかくれんぼを黙認してくれていた布団屋さんの大熊さんご夫婦も健在で、10歳までしか住んでいなかった私を覚えてくれていた。余談になるが、22年夏まで創志学園を率いて、岡山県内のライバルとして戦ってきた長澤宏行監督が兵庫の篠山産に転籍してから、「丸山って知ってる？」と連絡が来た。丸山とは、小学生時代のチームメートで、練習以外でも私と兄と一緒に秘密基地を作ったりしてよく遊んでくれた、よきお兄ちゃんだった丸山フミ君のことである。そのフミ君の息子が、現在、篠山産で長澤監督の指導を受けているというのだ。不思議な巡り合わせであり、これもまた縁だとしみじみと感じる。

約10年間しか過ごしていない土地だが、自分と関わりのあった滝野の人々の記憶の中には、確かに幼少期の私がいる。この場所こそが、自分の故郷だと思っている。

東京での小・中学生時代

1981年、4年生の2学期が始まる9月から、東京に移り住んだ。新しい土地でも好きな野球を続けたかったので、新しい所属先を探すことに。そのとき、頭に思い浮かんだのが「硬式野球」だった。

滝野にいたころに親に買ってもらった、関東圏を中心に活動していた小学生の硬式野球連盟であるリトルリーグの入門書を読み、「都会には小学生の硬式野球っていうのがあるんだな！」と驚いたものだ。小・中学生の野球は軟式が当たり前だと思っていた私にとってはカルチャーショックで、密かに憧れを抱いていた。

最初に入団を考えたのが、強豪として名高かった調布リトル。入門書でリトルリーグの存在を認知したのと同じころ、後に早稲田実で活躍し、ヤクルトに入団する荒木大輔を擁して世界大会を制したチームである。調べてみると、住んでいる世田谷区から調布は、そう遠くはない。「ここで自分の力を試したい！」と意気込んでいたが、当時は、いまとは違い子どもが多かった時代だ。「自分の学区内のチームにしか入団できない」というルールがあり、世田谷区に自宅のある私は調布リトル入団を断念せざるを得なかった。そして、候補に浮上したのが世田谷リトルだった。

当時の世田谷リトルは1学年が約70人、総勢260人を超えるという大所帯。一つのグラウンドでは練習もままならず、学年別に練習場を確保するほどだった。入団希望者には技術テストが課されたが、無事合格。が、入団はできたものの、滝野の闘竜時代とは違い、どこか雰囲気が息苦しい。当時の世田谷リトルは、私が憧れていた調布リトルに公式戦で勝利するなど、強豪の一角。和やかな野球とは毛色の違う、〝競争〟の側面が強調されたチームだった。想像以上のレベルの高さに自信を失いつつあったが、希望の光が差し込む。5年生の進級前に開催されたチームの納会で、レギュラーでなくても1年間練習を休まなかった選手が「皆勤賞」として表彰される姿が、それだった。名前を呼ばれ、壇上に上がる先輩の姿は眩《まぶ》しく、「来年は絶対自分も取るぞ！」と決意を固めた。レギュラー奪取は無理だとしても、休まず練習に通う皆勤賞ならば、諦めなければ絶対に取れる。皆勤賞を支えに来る日も来る日もグラウンドに通った。

休まずに練習していた甲斐《かい》があったのだろう。5年生の途中から試合の出場機会が徐々に増え、6年生になるとレフトのレギュラーをつかんだ。

努力は報われる――。そんな美しいエピソードに思えるかもしれない。だが、ほどなくして私と野球を切り離すターニングポイントが訪れる。

6年生のリトルリーグ関東代表決定戦のときのことだ。三塁走者だった私は、相手投手のクセに気づく。試合を止める際にタイムをかけずに、スパイクの紐を結び直すなど、頻繁に走者から目を離していたのだ。「これは狙えるな」と思い、ホームスチールを画策した。投球のタイミングを計り、思い切ってスタートを切る。「行ける！」と自信を持って仕掛けたが、渾身の奇策はあえなく失敗。貴重な走者である私が憤死したこともあり、試合にも敗れた。

試合後、監督を筆頭とした指導者陣からは罵詈雑言《ばりぞうごん》の嵐。〝ハラスメント〟などという言葉すらなかった時代だ。「何やってんだよ！　このバカ！」という叱責とともに、容赦なく鉄拳制裁も繰り出される。指導者にグラブで何度も頭をたたかれるうちに、わずかながらも残っていた野球に対する自尊心は消し飛んだ。さらにクロスプレーで負傷したこともあり、約1カ月間練習を休んでしまったものだから、完治した後も練習に足が向かない。

「自分からやりたいといったリトルだから」となんとか奮い立ち、小学校卒業までは続けたが、野球への情熱はすっかり消えていた。

体が小さかったのでポジションはレフト、打順は2番か下位。大人となった今なら早熟タイプ、晩成タイプといった成長する速度の違いと理解できるが、大柄な同級生たちを畏怖し、「この化け物たちには追い付けない」となかば絶望していた。さらに、大所帯のチームでレギュラーとして出場することの重圧、「結果を残さなければレギュラーを奪われる」という切迫感から、胃が痛くなることもしばしば。「自分より野球が上手いやつなんて、いくらでもいる」。自分の底が知れたような気がして、チームメートがシニアリーグに進む中、「野球はもういいや」と見切りをつけたのだ。

中学生となり、「これからは勉強を頑張ろう」と決意を新たにした。中学受験を突破して明大中野中に進んだリトル時代に仲の良かったチームメートから、「自分は勉強しないといけないからシニアで野球はしない」と言われ、それならオレもそうするかと考え始めていただけでなく、兄は高校から慶應義塾に進むなど成績優秀。何かとケンカの多い男兄弟ゆえに、自分としては勉強で兄を負かしたいという野望もあった。

進学塾に通おうと入塾テストに挑戦するも結果は不合格。「Z」クラスが最上位で、下は「B」まである塾だったが、一番下のクラスにも引っかからなかった。「なにくそ！」と思い、3度目の挑戦で入塾テストを突破してからは、ひたすら勉強、勉強。すると最上位の「Z」クラスに上がるほど成績が伸びた。全国模試では全国6位という好成績をたたき出し、中学1年生時点での学力は、同時期の兄よりも上。「このまま勉強を続けていけば、東大も十分目指せる」というレベルに達していた。が、私は元来「机に座っているよりも体を動かしていたい」タイプの人間だ。純粋に勉学を極めたいという思いよりも、小憎らしい兄を超えてやるという動機で勉強にシフトしていたので、この時点で燃え尽きてしまった。

さらに友人から借りた尾崎豊のレコードで描かれる世界観に触れたのも、いま思えばまずかった。名曲の数々にはなんの罪もないが、短絡的に「不良っていいじゃん」と感じ、そちらの方向へシフトチェンジ。私のことを、当時はやっていたアニメ『はじめ人間ギャートルズ』で登場するセリフの「んガー！」と「ツツミ」を合わせたあだ名の「ミンガ」と呼ぶ悪友たちとつるむようになっていった。

同じころ、身長がグングン伸び、体が大きくなったことで気も大きくなっていった。やることもなく、それでいて人恋しいので学校には行くが、授業をロクに聞かず、教師陣といざこざを起こすのは日常茶飯事。自宅に帰ると、私の素行を心配する母と連日の口論。

気づくと、周りに迷惑をかけてばかりの〝問題児〟に成り果てていた。

　当時の私と中学校の教師陣との関係性を示すエピソードがある。都内の各市区町村別に開催される学力模試があったのだが、先に模試を受けていた別の中学校の生徒と同じ塾に通う同級生が、試験問題を事前入手して仲間に伝えていたことを知る。私自身はすでに勉強を諦めた立場だったのでどうでもよかったが、真面目にコツコツと勉強に取り組んでいる同級生たちをあざ笑う行為に、無性に腹が立った。主犯の同級生を呼び出し、「お前、ふざけたことしてんじゃねぇ！」と一喝するも気が収まらず、手も出る。気づくと相手をボコボコにしていた。

　一見、優等生然としていたそいつは、教師たちに「堤に殴られた」と泣きつき、私が一方的に怒られた。暴力に至るまでの理由を説明しても、「問題児の堤の主張など聞くに値しない」と相手にしてもらえない。確かに暴力は許されないが、正義感すらも否定されたように感じ、「教師なんて信用できねぇ」と余計に突っ張った。

　あり余る時間とエネルギーを持て余す私を見かねて声をかけてくれたのが、体育教師で、バレーボール部顧問の日食《ひじき》和雄先生だった。強面《こわもて》の風貌とその当時に許容されていた鉄拳制裁も辞さぬ指導から「バンバン（に殴る）」というあだ名で恐れられていた日食先生は、私にハンドボール部加入を勧めてきた。口説き文句は、「ハンドボールは接触プレーがルールで認められている。お前のやりたいことが合法的にできるぞ」だった。

不良仲間を引き連れてハンドボール部に籍を置くと、元来のスポーツ好きで負けず嫌いな性格が功を奏し、都大会に出場するまでにチームは成長。その都大会で、私は審判のジャッジミスからファウルを宣告される。「やっていないのに、なんでだよ！」と憤慨した私は、わかりやすく不貞腐れた。その姿を見た顧問は、「そんな態度なら、もう帰れ！」。頭に血が上った私は、審判席にユニホームをたたき付け、「お望み通り、帰ってやらあ！」。若気のいたりとしか言いようのないプレースタイルだったが、仲間とハンドボールに明け暮れる時間は充実していた。

ハンドボール部で過ごした経験から、リトルリーグでの厳しい競争で忘れていたスポーツ本来の楽しさを思い出し、「高校でも部活動をやろう」という決意が固まった。

そのころ、リトル時代の同期で、後に甲子園優勝メンバーとなる冨沢仁が帝京に進学すると人づてに聞いた。他にも、世田谷リトルからシニアに進んだかつてのチームメートが、早稲田実や鹿児島実などの都内外の強豪に進むという情報が入り、うらやましさと同時に野球への意欲が再燃してきた。

この時期に佐藤道輔先生の著書である『甲子園の心を求めて――高校野球の汗と涙とともに』（報知新聞社）に出合う。佐藤先生は、都立校の野球部監督を歴任し、着任先を次々とシード校に育て上げ、東大和で夏の西東京大会決勝に2度も進出した都立界を代表する名将。その歩みに触れ、都立校で強豪私立を下していくサクセスストーリーを夢想。「オレも東大和で高校野球をやるぞ！」と、すっかりその気になった。

怖いもの知らずだった私は、佐藤先生に手紙を送ってみることにした。佐藤先生の本を読み、自分も東大和で野球をやりたいと思っているという、思いのたけを文字に込めた。念のため学力レベルも記した。

ありがたいことに、佐藤先生はどこの馬の骨ともわからぬ中学生の手紙に対し、返信をくださった。封筒に記した私の住所を見たのだろう。そこには、「残念ながら、学区の関係で君は東大和を受験することはできない。君の学力と学区を踏まえ、グラウンドの広さなどの練習環境を考えると千歳がいいのではないか」という懇切丁寧なアドバイスが記されており、感激したものだ。

受験生となり、「野球も勉強も力を入れている」と、私立校の中で憧れを抱き併願した國學院久我山の受験には失敗したが、千歳には無事合格。受験勉強らしい勉強はしていなかったが、中学1年生時の猛勉強で培った基礎学力に助けられた格好だ。

高校進学が決まり、「さあ高校野球だ！」となるところだが、私にはもう一つの思いがあった。当時は京都の伏見工ラグビー部をモデルにした青春ドラマの『スクール☆ウォーズ』が大流行。ミーハーな中学生だった私は、「野球もいいけど、ラグビーもおもしろそうだなあ」と気持ちが揺らいでいたのだ。千歳は、高校ラグビーの一大大会である「花園」こと全国高等学校ラグビーフットボール大会への出場経験がある実力校。千歳を受験したのは、ラグビー部の存在も大きかった。

そこで考えたのが、「高校に入学して、最初に声をかけてくれた方に入ろう」というもの。高校生活への期待を胸いっぱいに千歳の門をたたいた。

第2章

選手時代

「自由」に満ちた高校時代

胸いっぱいに期待を抱いて東京都立千歳高校に入学したものの、私の高校生活は暗雲からのスタートとなった。

高校生活開始早々、隣のクラスにいた中学時代の同級生から、「ミンガ！　助けてくれ！」と泣きつかれた。事情を聞くと、早速いじめられているとのこと。悪童時代の血が騒ぎ、いじめの主犯格をボコボコにする大立ち回りを演じ、無期停学を言い渡された。

幸い無期とは言いつつも停学は3日程度で明けた。登校を再開し、野球部、ラグビー部のどちらかからの勧誘を待つも、待てど暮らせど声がかからない。廊下を歩く同級生たちは先輩たちから次々と「興味ないですか～？」と誘われているにもかかわらず。

後々同級生に聞いてみたところ、中学時代に私が起こした数々の悪行が校内に知れ渡っており、同学年のみならず、上級生たちにも「1年の堤とは関わらない方がいい」という共通認識ができていたようだ。それに輪をかけるように、入学早々に無期停学騒動を起こしてしまったものだから、私は完全に要注意人物に成り果てていた。

当てが外れた私は、ある日の放課後に野球部、ラグビー部、アメリカンフットボール部、サッカー部で共用している校庭に足を運んだ。

　ボーっと各部の練習風景を眺めていると、20人弱の選手しかおらず、いかにも弱そうな雰囲気を醸し出している野球部員の1人から、「入部希望の新入生ですか？」と頼りなさげな声で話しかけられた。「野球部とラグビー部の、先に声をかけてくれた方に入部する」という初志通り、私は野球部の門を叩いた。千歳の野球部はOBに1試合6盗塁のプロ野球記録を持つ山崎善平（元・中日ほか）がいたり、かつて日大三と延長再試合を演じたこともあり、都立校の中でも古豪と呼ばれている存在だった。

　今思い返すと、野球部が声をかけてくれたというよりも、向こうが気づくように、私から野球部の方に近づいていったように思う。それだけ、自分が思っている以上に野球への思いが強くなっていたのだろう。


　かつて東京にあったナンバースクールの一つである旧制・東京府立第十二中学校を前身とする千歳は、自由な校風が大きな特徴だった。中でも私が忘れられないのは、校長が我々新入生に向けて、入学式で話した講話である。

　当時、千歳の卒業生が東京都の副知事を務めていたことに触れながら、こう言ったのだ。

「本校の出身者で有名人を2人挙げるとすれば、1人は東京都の副都知事。もう1人は安藤組の花形敬さん（最終的に国士舘に転校しており、厳密に言うと千歳の卒業生ではない）。君たちは、そのどちらかになりなさい」

安藤組とは、俳優としても活躍した安藤昇が立ち上げた新興系の暴力団。花形は「大江戸の鬼」と恐れられていた安藤組の大幹部で、格闘漫画『グラップラー刃牙《ばき》』の登場人物である花山薫のモデルとも言われている。副知事が〝白〟の代表格だとすれば、花形は〝黒〟の極致。校長は、新入生に「白でも黒でもいい。突き抜けた存在になれ」と示したわけだ。

私はこれを聞いて、「すげぇ！　おもしろい学校だな」と感じた。一般的な教育機関であれば、白の副知事側を目指せとしか言わないだろう。そうではなく、黒の方向もためらいなく示す自由闊達な校風に感心したものだった。

千歳の野球部もまた、自由な雰囲気に満ちた組織だった。友光厚直監督、田幡二三夫部長の指導者陣は、毎日必ずどちらかが練習に顔を出していたものの、「あれをやれ、これをやれ」と頭ごなしに指示を出すことはなかった。選手主導で練習を行う空気感が、1度野球から距離を置いた私には、この上なく心地良かった。

1年生の夏から代打で公式戦を経験し、同年秋からは4番。西東京大会の4回戦まで勝ち進んだ2年生の夏が終わってからは主将を任された。主将となってからは、「プレーイングマネジャー」を自称し、練習メニューを自身で考えたりと、チーム運営の中核を担っていった。勢いに任せて、「パジャマみたいでカッコ悪い」と感じていたユニホームを、自分が応援している阪神を模した縦じまに替えたりもした。今思うと、とんでもなく好き勝手にやっていた高校生という他ない。

練習メニューを組むといっても、インターネットがない時代だ。毎晩テレビで放送される『プロ野球ニュース』（フジテレビ系）で流れるプロの練習風景が頼りだった。ニュースで、当時、ロッテで活躍していた落合博満が「プールの中で走った」と報じられれば、翌日チームメートを引き連れて区民プールに駆け込み、トレーニングを真似た。まったくの余談だが、落合の自宅である豪邸が世田谷区にあったので、中学生時代に冷やかし半分で「サインくださ〜い！」と訪問したことがある。あいにく本人は不在で、信子夫人から「今日は帰ってこないわよ！　あんたたち、とっとと帰んな！」と追い返された。

私立の強豪校と比べて練習時間が短かったし、グラウンドには夜間練習用の照明設備もなかった。それでも、グラウンドが、アルファベットの「L」のように立つ校舎に囲まれていたため、後輩に「ちょっと行ってこい」と指示を出して、教室の電灯をつけて回らせた。校舎を見回る教員が各教室の電気を消して回るのを追いかけるように、後輩が次々と消したばかりの電灯を再び灯す。さながらアニメの『トムとジェリー』の掛け合いのような光景だった。そうして得た、わずかな明かりでグラウンドを照らして居残り練習をしたり、チームメートと連れ立ってバッティングセンターに行き、追加で打ち込みをやったりしたものだ。途中からは店主が「もうお前らはタダでいいよ！　好きなだけ打っていけ！」と言ってくれるほど、頻繁に通っていた。学校の規則で週2日は練習ができなかったが、休養日もバッティングセンターに通ったり、トレーニングジムに行ったりして、休んだ覚えがない。それなのに、疲れを感じた記憶もない。無我夢中だから、疲れを感じる暇もなかったのだろう。

高校生なりに創意工夫を凝らした練習の成果で、主将として初めて戦った2年生の秋の都大会では、強豪の拓大一に善戦。1対7とリードされた終盤に、4番である私が放った満塁ホームランで2点差に詰め寄っての5対7での惜敗だった。

会場となった府中工のグラウンドの中堅後方のフェンスを越える1発のおかげで、一部では「千歳に変な4番がいるらしい」と噂《うわさ》になったようで、これが私の選手人生で唯一誇れる実績かもしれない。

この1戦の手ごたえから、3年生の夏は甲子園出場とはいかないまでも、2年生の夏の

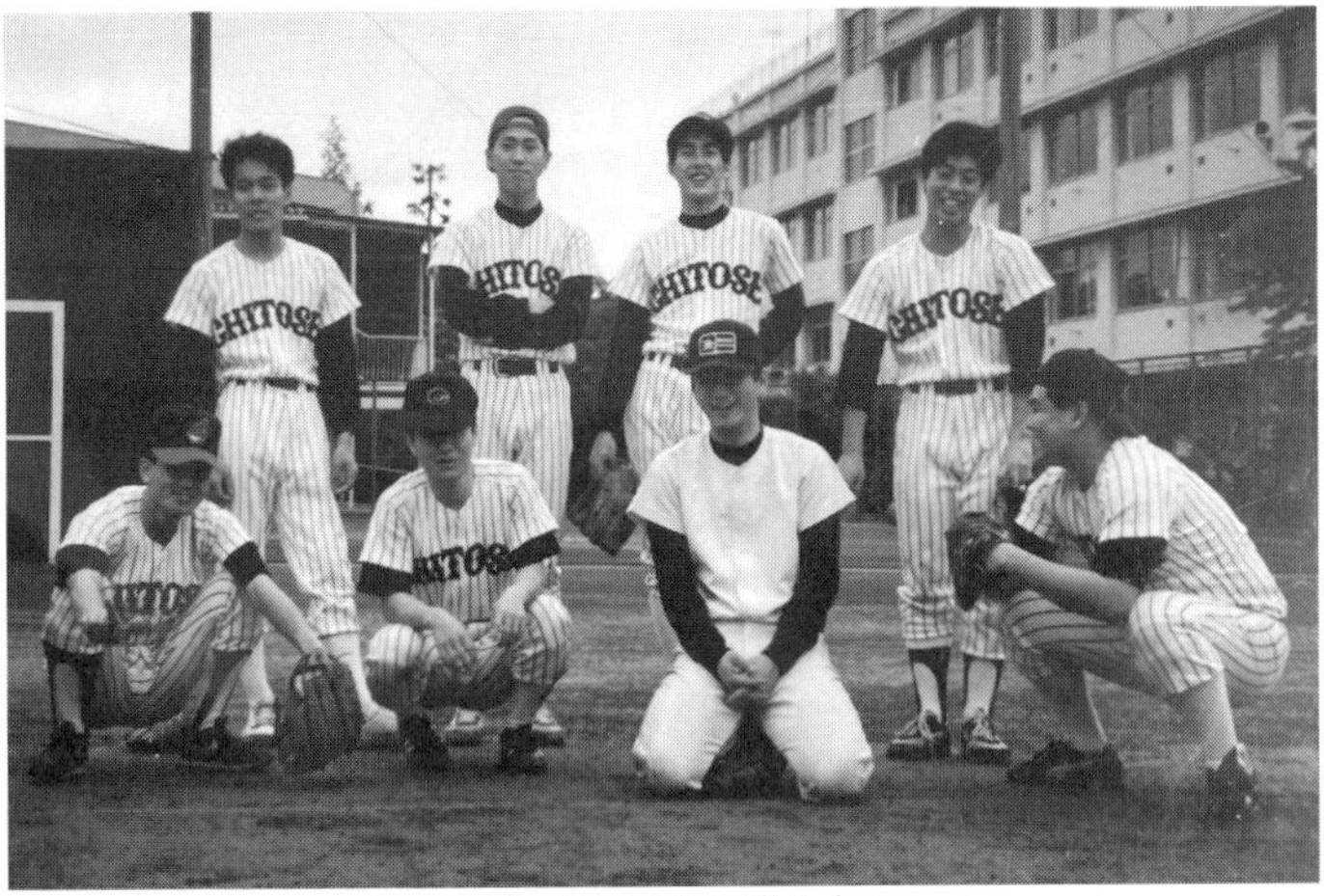

千歳のグラウンドにてチームメートと。前列右から2番目が著者

強打で4番を打ちチームの中心選手として活躍した高校時代

西東京大会4回戦進出を超えられるんじゃないかという自信を抱いていた。本来は部長が書く大会パンフレットのチーム紹介文も、主将の私が「昨年の10倍強いです」と記すほど、自信を持っていた。が、最後の夏は初戦で同じ都立の八王子北に敗れた。後に大学野球でも活躍する相手の右投手のスライダーに翻ろうされての完敗だった。

実はこの年の5月ごろに八王子北から練習試合を申し込まれていた。おそらく私たちの前年秋の戦いを見て、興味と警戒心を持ってのことだと推察した。だが、同年秋の八王子北は、千歳が善戦した拓大一の前にコールド敗退。それを把握していたため、マネジャーに「やらなくていいよ。断ろう」と言ってしまっていたのだ。練習試合をして、数打席でも、あの右投手のスライダーを打席で見ていれば……と、今でも後悔している。

試合後、チームメートの大半は号泣していたが、私は1滴も涙を流さなかった。少なからず感じていた主将のプレッシャーから解放されることの安堵感が大きかったし、夏の大会前の練習試合に対する痛恨の判断ミスはあったものの、全身全霊を懸けて、1分1秒たりとも無駄にすることなく、高校野球をやり切ったという自負があったからだ。その証拠に、球場に響くチームメートの嗚咽《おえつ》を背に、相手のダグアウトに向かって駆け出し、八王子北の監督を捕まえて問うた。

「あのピッチャーのスライダー、どうやって教えたんですか?」

球場ではこの後も試合が予定されていたため、すぐにベンチを引き揚げねばならない事情もあったのだろう。一高校生の質問に対し、八王子北の監督はつれない表情で、「いいから、いいから。もうあっちに行け」と私をあしらった。

風の噂で、この監督が現在も都内の私立校で監督をしているらしいと聞いた。ぜひ、監督として再戦させてもらいたいし、あの試合について聞いてみたいと今でも思っている。

黄金期の東北福祉大へ

高校野球を完全燃焼した私には、一つの夢があった。それが、大学でのプレー継続である。

当時、毎年のように筑波大野球部の学生が、千歳で教育実習をしていた。現役の選手である彼らは、自身の経験や知識を惜しげもなく伝えてくれた。打撃練習に交ざり、どれだけ頑張っても自分たちが越せなかった左翼後方のフェンスの向こうに飛び込む特大のホームランを放つ。一丁前に野球を知ったような顔をした私を、「生意気なやつだな!」と言いつつもかわいがってくれた。私は毎年の教育実習期間を楽しみにしていたものだ。

さらに私が高校1年生だった1987年に、エース・小林昭則(元・ロッテ、2023

年3月まで帝京第五監督）の活躍で筑波大が明治神宮野球大会で優勝。国公立大学の野球部として初めての全国制覇という偉業に、憧れは強固になった。

「大学でも野球を続けたい。できれば筑波大で」

この思いを抱いた私に、1校だけ声をかけてくれた大学があった。関東にあるその大学はプレーを見た上で入学の是非を判断するセレクションを開催するとのことで、腕試しを兼ねて受験することにした。ただ、セレクション直前にあったドラフト会議で、その大学の選手が指名されたことで人気が高騰。200人を超える受験者が応募し、1度の開催ではグラウンドに収まり切らないため、10班に分かれて実技チェックが行われた。

当日配布されたゼッケンの番号は「111」。順番が後の方だったため、セレクションの補助を担当する学生コーチから、「順番が来るまで、グラウンド脇の土手で自由に過ごしていて」と指示があった。その言葉通り、土手で自由に寝そべっていると、睡魔に襲われ、気づくと居眠りをしていた。

スヤスヤと寝息を立てていると、「ゴンッ」と何かをぶつけられた痛みで目が覚めた。寝ぼけ眼の先には、血相を変えた学生コーチ。居眠りしている私に腹を立て、ボールをぶつけてきたのだ。

「セレクション中に居眠りするなんて、おかしいだろ！」

まくしたてる学生コーチに、私も応戦。

「自由にしろって言ったのは、そっちだろうが！」

中学、高校と、新しい環境に行くたびに揉め事を起こす、私の悪いクセが出てしまった。すったもんだしながらも、セレクションは合格。だが、合格者の中でのランクは「C」。受験を突破して、入学したら入部してもいいですよ、という程度の扱いだった。学生コーチとしこりを残したこともあり、「それなら行かなくていいや」と、その大学への進学は取りやめることにした。

そして、一縷《いちる》の望みをかけて筑波大を受験するも、偏差値は合格圏内に届いておらず、あえなく不合格。私の大学野球の夢は、気性の荒さと学力不足とで露と消えた。

その後、軟式野球部がある某優良企業で働く千歳の先輩が、「一緒に働きながら野球をやろう」と声をかけてくれたが、ルーティンワークが中心の業務内容に食指が伸びず、これも断った。「野球はもういいや」とも感じ始めていた。

他にやりたいこともなかった私は、卒業後、フリーターとなり、都内のクリーニング工場で働いた。就労ビザが下りているかもわからない怪しい外国人たちとともに、衣類を業務用の洗濯機に押し込み、仕上がった衣類に袋をかける。夢も希望もなく、日銭を稼ぐ日々だった。

90年の5月のある日、実家の電話が鳴った。私の高校時代の教育実習生の1人だった横越建之さんからだった。

「まだ野球やってんのか、お前」

「クリーニング工場で働いてます」

「まだ体動くんだろ？　オレが何校か大学に問い合わせてやるから、もう1度野球をやれよ」

後日、横越さんから「手紙を送ってみろ」という指示とともに、いくつかの大学名を伝えられた。その中に、「東北福祉大」という聞き慣れぬ大学があった。高校まで野球をしていたが、甲子園に出たわけでもないし、大学受験に失敗し、今はフリーターだが、もう1度野球をやりたいと思っている……。自分の現状を手紙にしたためて投函すると、数週間後に返信が届いた。マネジャーのトップである主務の方からで、封を開け、便箋に目を移した。

「東北福祉大は甲子園で活躍した選手が集まっているのではなく、各地方で志半ばで負けた悔しさを胸に抱き入学した選手が大多数だ。君にそういう情熱があるのなら、ぜひ受験してほしい」

どこの馬の骨ともわからない自分に、真摯に向き合ってくれたことに驚いた。この段階では東北福祉大がどこにあるのかも知らなかったし、宮城県仙台市に所在することを知ったとて、1度も行ったこともなく、縁もゆかりもない土地だった。

高校時代までに試合を見たこともないチームだったが、この年（1990年）の6月に開催された大学野球の二大全国大会の一つである全日本大学野球選手権に東北福祉大が出場。「神宮球場が会場だし、行ってみるか」と、久々に野球場を訪ねた。

小坂勝仁《おさかかつひと》（元・ヤクルトほか）が主戦格だった東北福祉大の戦いを初めて見た感想は、「すげえ強いチームなんだな」。最終的に、小池秀郎（元・近鉄ほか）、高津臣吾（現・ヤクルト監督）らの充実した戦力を誇る亜細亜大に決勝で敗れたものの、堂々の準優勝に輝いた。手紙に書いてあった通り、野球への情熱あふれるプレーぶりに感化された私は、東北福祉大の受験を決意。帰りに神宮球場のトイレで用を足していると、隣にさっきまでマウンドで投げていた小坂が現れ、小柄ながら筋骨隆々の肉体を包む東北福祉大のユニホームを間近に見て、「やってやるぞ」と血が騒いだ。

夏からは受験に向けて予備校に通い、受験を突破した私は91年4月、東北福祉大へと入学した。

今となっては笑い話だが、大学の入学直後にも私は怒られている。高校時代のように他人を殴った……といった物騒な話ではなく、入学試験後に合格通知を受け取ったものの、中身をきちんと確認していなかったため、一体自分がどの学部、学科に合格したのかを把握していなかったのだ。

進学の目的である野球部の新入部員向け説明会には参加できていたので、「まあ、入学式が終わってから確認すればいいか」と悠長に構えていたら、学生数の関係で、入学式が学部別に開催されると知り、焦った。何しろ自分の所属がわからないのだから、どこに向かえばいいのか、わからないのである。

大学の学務課に駆け込み、事情を話すと、担当者に「自分が合格した学部がわからないなんて、そんなのあり得ないでしょ！」と一喝された。真っ当なお叱りを受けながら、調べてもらうと「社会福祉学部社会教育学科」と判明した。これも自分にとってはラッキーだった。というのも小学生時代に抱いた夢が「プロ野球選手」と「社会科の先生」だった。低学年時代の文集にはこの二つを書いていたが、リトルリーグの競争で自分の野球の実力を否が応でも意識させられるようになった高学年からは、「社会科の先生」とだけ書くようになっていた。中学時代に少しだけ通っていた代々木ゼミナールの有名日本史講師・前田秀幸先生の授業が大変おもしろく、「なりたいな」と意識した職業だった。

社会教育学科では、卒業に必要な単位と社会科の教員免許取得に求められる単位がほぼ同じ。野球部の多くが所属する社会福祉学科でも教員免許は取れるものの、卒業要件よりも多くの単位を取らなければならなくなる。社会福祉学科だと私は挫折していただろうし、偶然とはいえ、私にとって最良な学科に収まったと喜んだ。

挫折の中で見えた光

入学し、野球部員としての日々も始まった。野球部は寮を持っていたが、部屋数が限られており、私を含め仙台市内のアパートを借りて通う選手も少なくなかった。偶然、同じアパートを借りていたのが、現在、群馬の高崎健康福祉大高崎で監督を務めている青柳博文だった。

青柳は群馬県の吾妻郡東吾妻町という山々に囲まれた地域の出身で、それゆえか魚介類を一切食べないなど、極度の偏食。加えて生活リズムも崩壊しており、午後からの練習直前まで起床していないこともざらだった。身支度を終えて青柳の部屋に駆け込み、ポテトチップスの袋とコーラのペットボトルを抱えて眠りこけている青柳をたたき起こしてグラウンドに連れ出すのが、大学時代の私の〝ルーティーン〟だった。

東北福祉大野球部は、伊藤義博監督が就任した1984年から本格的に強化が始まった。大阪の公立校である桜宮を強豪に育てた伊藤監督の手腕と人脈で選手が集まり、87年に全日本大学野球選手権で初めて決勝に進出し準優勝。翌年も準優勝、私が初めて試合を見た90年も同大会で準優勝し、一気に強豪チームへと成長していた。

私が入学した91年には、4年生だった金本知憲さん（元・広島ほか）、斎藤隆さん（現・横浜DeNAコーチ）、浜名千広さん（元・ダイエーほか）らが主力を張り、全日本大学野球選手権で初優勝。これは、大学球界において「主要5連盟」と呼ばれる東京六大学、東都、首都、関西六大学、関西学生の各リーグに所属しない大学としては、中京大に次ぎ史上2校目という快挙だった。

当時の2年生には後に社会人野球のプリンスホテルでも活躍する荒木準也さん（現・日大山形監督）、同期にも和田一浩（現・中日コーチ）……。どのポジションを見渡しても好選手が集う〝黄金期〟だった。

再び大学野球をやろうと決意してからは、千歳のグラウンドで自主練習を続けてきたものの、1年間のブランクを抱えた私が通用する由もなかった。高校野球の監督となった現在、練習試合で覇気が感じられない選手にハッパをかける際にもよく話すのだが、私が大学で経験した試合の打席数はわずか「8打席」。公式戦はおろか、オープン戦でもチャン

大学時代からの親友である健大高崎の監督・青柳と。ともに甲子園出場監督になるとは考えもしなかった

スをつかむことができなかった。アイボリーの生地に、「TOHOKU」の胸文字が刺しゅうされた、リーグ戦のベンチ入りメンバーに貸与されるユニホームを着る機会といえば、上級生から命じられた洗濯の合間ぐらい。青柳と一緒に洗いあがったばかりのユニホームに袖を通し、互いの姿をインスタントカメラで撮影したりした。なので、私にとっての東北福祉大のユニホームは、湿っているものなのだ。

グラウンドでの思い出といえば、トラックで運ばれて来るグラウンドにまく大量の黒土から、小石を取り除く作業をしたこと。「西東京大会4回戦進出」という私の高校時代の最高成績は、猛者たちの集うグラウンドにおいて、なんの意味もなかった。

リトルリーグ時代に「すごい。叶わない」と感じた相手の中には、体の成長が早熟だったなど、今振り返ると、「自分の中で勝手に大きく考えていたな」と感じる選手も少なくなかった。だが、大学で目の当たりにした彼らは、「努力して、少しずつ力を蓄えて、最後は抜くぞ」なんて微塵にも思えないほど強大だった。世の中には、逆立ちしても叶わない存在がいると、骨身に染みて味わった。

大学時代、伊藤監督とは数えるほどしか会話をしたことがなかった。数少ない中で強烈に印象に残っているのが、大学3年生の冬の会話だ。

「お前、教職取ってるのか。頑張れよ」

読者の皆さんは、このフレーズを読んでどう感じただろうか。野球と学業の両立に励む学生への励まし？　いや、そんな優しいものではない。わかりやすく説明するとこうだ。

「もうグラウンドに来なくても大丈夫だから、学業に専念しろよ」

そう、事実上の引退勧告である。伊藤監督のこの言葉で、わずかながらの野心を持ってスタートした私の大学野球は終わりを告げた。

それからは、大学で講義を受ける傍ら、アルバイトに精を出した。春のリーグ戦後に引退した同級生の青柳と、気仙沼市まで短期バイトに繰り出したこともあった。新鮮な魚介類が有名な土地の休憩時間に寄った定食屋さんで、私は「さんまの刺し身定食」を注文。それに対して青柳は間髪入れずに「オレはトンカツで」。「お前、ここまで来てトンカツかよ」と、青柳の偏食ぶりにツッコミを入れたのが、私の大学時代後半の思い出だ。

こう書くと東北福祉大に進んだことを後悔していると捉える読者もいるかもしれないが、私はまったく後悔していないし、むしろ東北福祉大に進んでよかったと思っている。

そう思えるのは、たくさんの、そして濃い人間関係を、縦と横の方向で得られたからだ。入学時にコーチを務めていたのが、青森の光星学院（現・八戸学院光星）を甲子園常連校に育て上げ、現在は茨城の明秀学園日立を率いる金沢成奉《せいほう》監督。普段は「成奉さん」と呼ばせていただいているので、本書でもここからは、そう書かせていただく。

高校野球の監督になってからの私の打撃指導は、「バットをボールに対して上から一直線で出さずに、早い段階から球の軌道に合わせるように出す」など、成奉さんの打撃理論がベースになっている。毎年のように強力打線を形成し甲子園に乗り込んでくる岩手の強豪・盛岡大付を率いる関口清治監督も東北福祉大OBで、同じく成奉さんの打撃理論を参考にして指導している。

他にも、私が入学したときの4年生で、東北福祉大OBで初の甲子園優勝監督となった埼玉の花咲徳栄の岩井隆さんは投手指導が得意。青柳の健大高崎は走塁が有名になるなど各々が得意分野を持っていて、互いに知恵を出し合えるのもOBの強みだと、指導現場に身を置いて強く感じている。

東北福祉大出身の高校野球の監督は、全国で10数人程度。決して数は多くないが、ある年には5人ものOB監督が甲子園に出場することもある。体育大学などとは異なり、野球部員の母数が限られながらもこういった力のある指導者陣を世に送り出していて、さらにOB同士のつながりが深い。この東北福祉大の血が自分に流れているのは、大きな誇りであり、財産になっている。

とはいえ、高校時代に培った自信を打ち砕かれ、選手としてまったく爪痕を残せなかったのは、20歳そこそこの私にとっては大きな挫折だった。「自分がいなくても、世界にはなんの影響もないよな」などと、自虐的な思考になりかけていた中、ぼんやりと眺めていたテレビ番組が、その後の私の人生を大きく変えることとなった。

それは、アフリカ大陸南部に位置するジンバブエで、ボランティアとして野球の普及活動に取り組む、村井洋介さんを特集した番組だった。青年海外協力隊の初代野球隊員としてジンバブエの子どもたちに野球を教えた村井さんが、現地の子どもたちを日本に招待し、東京ドームや甲子園で野球を観戦。さらに海を見たことのない子どもたちに大海を見せようと、伊豆大島にも行くという内容だった。そして番組の最後に、村井さんからのメッセージがテロップで流れた。

「道具がない、グラウンドがない、お金がない。そんなことは問題じゃない。最大の問題は、自分の後、野球を教えに来てくれる日本人がいなくなることなんだ」

このメッセージを目にした瞬間、自分の体が熱くなるのを感じた。自分がやらなければならないことに気づき、存在価値がないと感じていた自分に使命が与えられたような気持ちになった。居ても立ってもいられなくなった私は、電話の受話器を手に取っていた。

レギュラーにはまったく縁がなかった大学時代

第3章

アフリカへ！

青年海外協力隊員としてアフリカへ

東北福祉大の3年生だった1993年の夏。仙台市内のアパート自室の片隅にある、小ぶりなテレビに映し出されたメッセージが、その後の私の人生を大きく変えていく。

「道具がない、グラウンドがない、お金がない。そんなことは問題じゃない。最大の問題は、自分の後、野球を教えに来てくれる日本人がいなくなることなんだ」

ブラウン管に映し出されたのは、青年海外協力隊の初代野球隊員として、ジンバブエの子どもたちへの野球普及に尽力した村井洋介さんの悲痛な訴え。見た瞬間、「オレがやらなきゃ！」という使命感が衝動的に芽生えた。番組を放送していたテレビ局の電話番号を調べ、アパートに設置されていた電話の受話器を握りしめた。そして、電話口に向かって宣言した。

「番組を見ました。自分がジンバブエに行きます」

対応してくれたテレビ局の社員が、親切にもＪＩＣＡ（当時・国際協力事業団、現・国際協力機構）の窓口を紹介してくれた。所定の試験を受験し、青年海外協力隊員としてジンバブエに赴任を希望したらどうかというアドバイスだった。

その勧め通り、ＪＩＣＡに連絡し、入隊希望者に課される各種試験を受験した。青年海外協力隊は入隊希望者が多く高倍率の狭き門で、4年生の5月に受けた1回目の試験は残念ながら不合格。だが、私はこれしきのことで挫《くじ》ける人間ではない。中学時代の進学塾の入塾テストで不合格となるも、再挑戦してクリアしたときと同じように「なにくそ！魂」を全開にし、同年秋、2度目の挑戦で突破した。入隊試験は、筆記だけでなく、野球の指導に必要な技術があるかを確かめる試験も課される。当時は、ノックでどれくらい狙ったところに打球を飛ばせるか、日本体育大のソフトボール部を相手に、試合形式での試験も行われた。一線級の大学生投手の速球に他の受験者は手も足も出なかった中、きっちりバットに当てられたのは密かな自慢だ。

晴れて青年海外協力隊への加入が決まると、福島県の施設で合宿形式の研修が始まった。合宿の内容は、語学を別にすると何もない場所で飲料水を確保したり、火をおこしたり、暴漢から身を守るための護身術を身に付けたり、食料を確保するためにニワトリを解体したりなど、さながら〝サバイバル術〟の研修だった。

合宿中の食事の多くは、ビュッフェ形式で、味も美味しいし、栄養バランスもばっちり。高カロリーなメニューも多く、ついつい食べ過ぎてしまうほどだった。なぜここまで食事が充実しているかが気になり理由を尋ねると、「発展途上国に派遣された隊員は、食べ物の確保に苦労したり、現地の味付けが合わなかったりで痩せてしまうので、あらかじめ太っておいた方がいいから」とのこと。約3カ月の合宿研修で、現地で生き抜くための知識と若干の脂肪を蓄え、95年12月にジンバブエ共和国へと渡った。

ジンバブエ共和国は、アフリカ大陸の南部に位置する共和制国家。一般的には「ジンバブエ」と呼ばれるため、本書でも以降はジンバブエと記す。

私が派遣されたのは、ブラワヨという都市だった。ブラワヨは、首都のハラレに次ぐジンバブエ第2の都市で、70万人に迫る人口を誇る大都市。街も発展しており、研修で身に付けたサバイバル術を必要とする場所ではなかった。

何はともあれ、このブラワヨで野球を普及させる活動が、いよいよ幕を開ける。仙台のアパートで見た村井さんのメッセージに使命感を駆り立てられた私は、24歳という若さもあいまって、やる気に満ちあふれていた。

活動内容は、グラブ20個、バット2本、それに10球弱のボールをバックパックに詰めこみ、ブラワヨ市内の小学校や、日本でいうところの中学校・高校に該当するセカンダリースクールに出向き、野球を体験してもらうこと。訪問先の学校の寮に住み込み、休憩時間や放課後に、持参した野球道具を貸し出して野球に触れてもらった。

ジンバブエのスポーツといえば、過去2度のW杯出場経験があるラグビー、ケニアや南アフリカ共和国との共催でW杯を開催したクリケットが有名だ。そこにサッカー、テニスなどが続く。スポーツの普及にあたって、よく言われることだが、ボール一つと場所さえあれば楽しめるサッカーは、ジンバブエの少年たちの間でも根強い人気があった。

使用する道具も多く、覚えるべきルールも複雑な野球は、一般的に「普及が難しい」とされるスポーツである。苦戦するだろうと構えていたが、活動初期に出会った1人の少年が、私の不安を吹き飛ばしてくれた。

日本の小学校にあたるプライマリースクールに通っていた「野球が好きだ」というその少年に、「君はサッカーしなくていいの？」と聞くと、「僕、サッカー下手なんだ」と言う。彼はサッカーは上手い選手が攻撃のポジションを担うのが少年たちのサッカーでは普通。彼は自陣のゴール付近にいるディフェンダーをやらされていた。そのため、「ボールに触れることができず、1日中立っているだけでおもしろくない」と思っていたそうだ。そして、彼は笑顔でこう続けた。

「でも、野球は守備を全員でやるし、打席は必ず回ってくる。守備で球が飛んでこなくても打席には立てるから、野球の方が好きだし、やりたいんだよ」

聞いた瞬間、思わず膝を打った。私は「野球を愛している。野球を広めたい」と言って海外に飛び出しながら、野球の魅力を言語化できていなかった。小学生の彼が語る野球の魅力は、端的で、かつ明瞭だった。余談だが、今でも地元・岡山の野球少年たちと交流するときに、「野球のいいところ」として、このフレーズを使わせてもらっている。

　野球好きな少年と出会い、がぜんやる気が沸きたったのは言うまでもない。


　赴任当初に、もう一つ、大きな出会いがあった。帰国後にも交流が続く、生涯の友、モーリス・バンダとの出会いだ。

　現地での普及活動開始にあたりアシスタントを探そうと、初代野球隊員の村井さんから過去に野球を教わっていた10代後半から20代前半の人々に片っ端から声をかけていた。興味を示してくれる者もいたが、「申し訳ないが、報酬は出せない」と伝えるとフェードアウト。取り付く島もないとはこのことだ。

　そんな中、手を挙げてくれたのが、当時17歳で現地の専門学校に通っていたモーリスだった。理由を尋ねると、「野球が好きだから」。私は研修中に語学学習に取り組んだものの、本格的な英会話は初めてで、ろくに話せない。実際のところ、話せたのは「Hello」「Thank you」「I love you」、そして使う機会などあるはずもない「F●●k you!」ぐらいのものである。協力を打診した者の中には、私の拙い英語を少し聞いただけで、むげにあしらう者もいたが、モーリスは違った。私の目をじっと見て、身振り手振りで伝えた熱意を汲み取ろうとしてくれた。「目は口ほどに物を言う」ということわざがある。その意味を、身をもって知った経験でもあった。

赴任から1カ月が経過し、少しずつ活動に慣れてきたころ、現地のスポーツ省と連携し、訪問する学校を増やすことになった。スポーツ省の担当者からは「スケジュールの調整と学校の選定をするから、待っていてくれ」との指示。しかし、担当者も忙しかったのだろう。待てども連絡は来なかった。

元々せっかちな上、やる気と希望に満ち、最初の1カ月で「自分はやれる」と自信を得た私に、じっと待っていろというのは、どだい無理な話だ。しびれを切らし、小学校やセカンダリースクールに飛び込み営業をかけた。

先入観なしに「おもしろいか、つまらないか」で判断してくれる子どもたちとは違い、現地の教職員たちの説得は難しかった。営業は、このような感じだ。

「この学校の子どもたちにベースボールを教えさせてください！　絶対おもしろいので」

「おお！　バスケットボールですか?」

「違います、違います！　ベースボールです」

「ええ!?　ベースボールですかあ……?」

前述の通り、ラグビー、クリケット、サッカーなどがメジャースポーツとして君臨するジンバブエでは、野球を経験している人がそもそも少ない。「知らないけど、人気もないし、つまらないだろう」と敬遠されてしまうわけだ。

へこたれずに、野球の魅力を説明していくと、少しずつではあるが、体育の授業に野球を導入してくれるようになった。前進していることへの充足感を抱いていた私は、自分が〝大問題〟の火種をまいていたことに気づく由もなかった。

スポーツ省、大激怒

プレーイングマネジャーを自称していた高校野球部時代に象徴されるように、私は体系だった指導システムに身を置いて学んだ経験が極端に少ない。思い立ったらじっとしていられない性格もあり、「習うより慣れよ」が肌に合うタイプの人間だ。

単語レベルでしか話せなかった英語も、ジンバブエで生活する中で少しずつ上達している実感があった。中学、高校で授業こそ受けていたものの、英会話教室などには通った経験はない自分でも、「なんとかなるものだな」と感じたものである。が、この〝独学頼み〟が仇《あだ》となり、ある事件が勃発する。

普及活動開始から約1カ月が経過し、ジンバブエの子どもたちにも野球のおもしろさが伝わる手ごたえ、巡回する学校が着々と増えて忙しくなってきた充実感を噛みしめていた。

スポーツ省の担当者は、私の単独行動が気に食わなかったようで、「勝手なことをするな」とくぎを刺してきた。協力隊員の任期は約2年間と限られている。時間が惜しかったゆえの行動で、自分の意図を説明しようと担当者のオフィスを何度か訪ねるも毎度不在。業を煮やした私は、「自分でやるので、手伝ってもらわなくても結構です」と書き置きを残し、活動に戻った。

それから数日後、件《くだん》の担当者が激怒しているとの話が耳に入ってきた。なんでも、私の書き置きにいたく腹を立てているとのこと。私は、「Please don't disturb my job」と記したメモを、担当者のデスクに残していた。

英語に詳しい読者はおわかりになるだろう。「乱す」を意味する動詞である「disturb」は、かなり強い意味を持っており、「Don't disturb」となると、「邪魔するな！」といったニュアンスになる。メモを書くとき、私は以前ホテルで連泊した際に、部屋の清掃が不要である旨を伝えるために使用した張り紙の「Please don't disturb（起こさないでください）」を思い出した。なんの悪気もなしに「お構いなく」ぐらいの意味合いで使用したフレーズだったが、相手には「オレの仕事を邪魔すんじゃねえ」と伝わっていたわけだ。ジンバブエに来て間もないペーペーの協力隊員にこんな口を利かれたら、激高するのも無理はない。すべては私の英語力の拙さに起因したもので、謝罪に赴こうとしたが、相手は謝罪を受け入れる気はないという。「あんたがスケジュール調整を先延ばしにしたのが原因なのに、なんでだよ」と、私も意固地になってしまった。

　互いに態度を硬化させてしまっては、状況が好転するはずもない。私と担当者の関係は悪化の一途をたどり、しまいには日本、ジンバブエ両国の外務省、ＪＩＣＡの人間が出てくる事態にまで発展した。

　その間は普及活動を休止させられ、住居も学校の寮からブラワヨ市内のアパートに移されてしまう。「今は学校を回れないが、自分にできることをやろう」と、活動中に必要性を痛感していた野球の指導書を英語で制作したり、競技が広がるにつれて存在が重要になってくる審判員のマニュアルを手書きで作成したりしていた。また、手元には先代の隊員が「よかったら使ってくれ」と残しておいてくれたパソコンがあり、「使えたら後々便利そうだな」と、起動して活用方法を模索したりもした（と言いつつも、実際にパソコンでやったことといえば、競走馬育成シミュレーションゲームの『ダービースタリオン』が大半だったのだが）。

　だが、私は「野球を世界に広める」という使命感に突き動かされてジンバブエにまで来た人間だ。原因は自分にあるが、3カ月近くも干され、最悪の事態と言える〝強制帰国〟すらもチラつかされる状況に、苛立たないわけがない。知り合いも少なかったので、しょっちゅうモーリスに愚痴をこぼした。

ある日、ハンバーガーショップで昼食をとっていると、モーリスに「お前が頭を下げれば済む話だろ」と諭された。

私は当時24歳。モーリスは17歳である。今思うと大した差でもないが、生意気な若造からすると、7歳下の少年に指図されるのはおもしろくない。すぐに反論した。

「なんでオレが謝らねえといけねえんだよ！　そもそも原因はあっちだろ！」

これを聞いたモーリスは、涙を流しながら私の胸ぐらをつかんで、まくしたてた。

「お前のために謝れって言ってるんじゃねえんだよ！　お前がいなくなったら、野球を待っているブラワヨの子どもたちはどうなる？　子どもたちのために頭を下げろよ！」

モーリスの言葉にハッとさせられた。私が青年海外協力隊員となったのは、「世界に野球を広めたい」と思ったから。そして、実際に約1カ月間ジンバブエで活動し、野球を知らなかった子どもたちが、初めて触れるグラブやバットに目を輝かせ、夢中で白球を追う姿を目の当たりにしてきた。ここで私がつまらない意地を張り続けたら、子どもたちが野球に出合う機会すら消滅するかもしれない。そう思うと涙が出てきて、最後は真っ昼間のハンバーガーショップでモーリスと一緒に号泣。友の思いに触れ、私も本音を語り、泣きはらしたことで決意が固まった。私自身のちっぽけなプライドなんて、かなぐり捨ててしまえと。

外務省とＪＩＣＡが間を取り持ち、件のスポーツ省の担当者への謝罪の場が設けられた。しっかりと下調べをした英語で謝罪するだけでなく、床に膝をつき、頭を伏せた。土下座だ。日本において最大級の謝罪の表現である。武士の時代には、自分の首を相手に差し出し、「首を斬られても構わない」という意味で使われていたこと……。これらを英訳し、意図を説明した後、床に頭をつけた。悔しいとか、「嫌だな」という思いは微塵もなかった。自分の至らなさに気づけたし、守るべきは、私のプライドなどではなく、ジンバブエの子どもたちが野球をする機会なのだと、明確に思えるようになったからだ。

普及とは

３カ月の謹慎期間が解け、晴れて現場に復帰。最初は５校だった巡回校は、地道な営業活動の成果もあり、30校、そして最終的には50校にまで広がった。

青年海外協力隊出身者に話すと共感してもらえるのだが、５校程度を指導している時期は心身ともに余裕があり、異国の地で奮闘することへの充実感から大きな幸せを感じられる。しかし、片手で数えられる数の学校にだけ野球を浸透させても、普及には不十分だ。ここで終わっていては、ただの自己満足と言っていい。

30校を担当するとなれば、ぐっと忙しくなってくるが、頑張れば1人でさばけないわけでもない。ここまでは「オレは世のためになることをやっている！」という、自己陶酔が続いていた。

だが、50校ともなると、とても1人では対応しきれない。完全なキャパシティーオーバーに陥る。村井さんたち先輩隊員の功績と私の活動が評価され、任期中にジンバブエの野球隊員が、私を含めて5人に増員された。ジンバブエ全土を5地区に分け、普及活動を加速させていった。

慰労会を兼ねて隊員の5人でバーベキューをしていたある日、酌み交わしたビールで酔いが回ったからか、「そもそも〝普及〟ってなんだ?」という議論が巻き起こった。

「世界に野球を広めたい、普及したい」という大志を抱いて海を渡った我々だが、何をもって目標達成とするのか。そこが曖昧だと感じていたし、個々で設定するゴールが違えば、成果にも差が出てくるだろう。そこで、それぞれが案を出していき、「野球普及の定義」、そして「ジンバブエ人の、ジンバブエ人による、ジンバブエ人のための野球実現への30カ年計画」を策定することになった。

各々の考えと思いをぶつけた後、最年少だった私が生意気にも「じゃあ、僕がまとめますね」と提案し、議論の成果を左記のようにまとめた。

①五輪種目であること
②サッカーのW杯のような大会があること
③その国で野球道具が販売されていること
④お父さんが子どもとキャッチボールをしている姿が日常風景となっていること

①は理解しやすいだろう。野球は1992年のバルセロナ大会から夏季五輪の正式種目になり、2008年の北京大会まで実施された。私がジンバブエで野球を教えていたのは、主に12歳から18歳の少年たち。08年の五輪には開催地に大阪が立候補していたこともあり、そこにジンバブエが出場することを一つの目標にしていた。しかし、12年のロンドン大会、16年のリオ大会で野球は競技種目から除外された。野球が広まっていない地域へのアピールが不十分だったことが、除外された大きな理由に挙げられている。

その後、21年の東京大会で正式種目に返り咲いたが、これは開催都市が競技を選択できる追加種目としてすべり込んだもの。24年に開催される予定のパリ大会では再び除外されることが決定しており、その意味でも野球界は正念場を迎えていると私は思う。

②は、06年に第1回大会が開催された「ＷＢＣ」ことワールド・ベースボール・クラシックが該当する。

③は、ジンバブエで普及活動を進める中で痛感したことだ。普及がわずかながらも進み、「野球っておもしろいらしいぜ」というムードになってからは、野球の体験会を開催した日に２０００人から３０００人もの生徒が押しかけたことがあった。当然、最初に持ってきていた20個のグラブ、２本のバット、10数球のボールでは足りるはずがない。１回の授業中に野球道具に触れることすらできない生徒が出てきてしまい、「野球ってつまらないな」となる。そう言われる度に、「道具を使って実際にやってもらえたら、絶対に魅力が伝わるのに」と歯がゆい思いをしてきた。

そこで日本から寄付を募ることにした。大学の同期、高校の監督、部長など、思いつく限りの知り合いに片っ端から国際電話や手紙でコンタクトを取り、使わなくなった野球道具をかき集めた。

東京に住む父親に窓口になってもらい、日本各地から野球道具を集約し、国際便でジンバブエまで送ってもらった。送料は、当時でなんと２００万円超。船便と関税が猛烈に高く、兄が自家用車を売り払って当座の送料の捻出してくれた。助けてくれた家族には今でも頭が上がらない。

野球道具の数は増えたものの、また一つ課題が浮かび上がる。寄付してもらった野球道具の多くが使い古されたものであるため、グラブの革紐が切れる、ボールを受ける部分の革が破れるなど、耐用年数が短く、すぐに使えなくなってしまうのだ。

日本にいると専門店に任せてしまいがちなグラブの修理を自分たちでできるようにするなど、策を講じたが急場しのぎの域を出ない。そして、「日本人がいなくなっても野球が成り立つようにする」という長期的な目標達成に向け、「メイド・イン・ジンバブエ」の野球道具作りに取り組んだ。これが「ジンバブエ人の、ジンバブエ人による、ジンバブエ人のための野球」への第一歩である。

使わなくなったグラブを解体し、バラバラにした革のパーツをグラブ用に裁断するために型紙を作る。革の裁断や縫製は、地元の靴職人に依頼した。

金属バットの製造にも挑戦した。固まっていない状態のコンクリートに、日本から持ってきたバットを差し込み、型をとる。そこに、廃車のエンジンのアルミ部分を高温で溶かして液状にしたものを流し込む。そうすると、型をとったバットと同型の金属バットが完成するわけだ。

ただ、この金属バット、耐久性が皆無で、へこむどころか数回の使用でぽきっと折れてしまった。最終的には木を削って木製バットを量産するのが現実的という結論に達した。内野のベース（塁）も不足していたため、カーペットを切り分けて自作した。白色のカーペットが足りなかったので、ピンク、グレーなど色とりどりのベースを量産した。不格好に思われるかもしれないが、茶色いグラウンドではストライプ柄、草むらでプレーする場合はピンクなどの色付きのベースの方が見やすいなど、意外な発見もあった。余談だが、野球の初体験がストライプのベースだった選手が、「え？　野球のベースってストライプだろ？」と長年勘違いしていたという逸話もある。

④は、アフリカ大陸を縦断する、〝スカウティング・キャラバン〟を敢行していたメジャー球団のスカウトとのやり取りで気づかされたものだ。

スカウトと雑談していると、彼は我々野球隊員に「お前らは『フィールド・オブ・ドリームス』を見たことがあるか？」と尋ねてきた。私が「あるよ。ケビン・コスナーがお化けの父親とキャッチボールをする話だろ」と答えると、「あの映画が何を言いたいかわかるか？」と質問が続いた。しばらく答えられずにいると、彼は「こんなんだから、野球を普及できないんだよ」とでも言いたげな深いため息をつき、語りだした。

作品が描かれた背景には、アメリカで社会問題となっていた、50パーセントに迫る離婚率の高さがあるという。そして、彼は「お前、最初に野球に触れたのはどういう流れだ？」と、私に尋ねた。「生まれ故郷の滝野での兄や父とのキャッチボールだ」と伝えると、こう続けた。

「だろ？　もし男兄弟がいなくても父親とキャッチボールをするよな。でも離婚して、母親に引き取られるとどうなる？　その機会がなくなるだろ。父親がいないからキャッチボールをしない。だから野球を始めない。じゃあ、このジンバブエの子どもたちに野球をやっていた父親がいるか？　いないよな。だからお前たちが、ゴーストの父親代わりになって1球でも多くキャッチボールをしてやってくれよ」

かつて自分が父親にしてもらったように、自分の子どもともキャッチボールをし、野球の世界へと誘う。そうして、野球を次世代に伝え、つないでいく。その土地を車でドライブすれば、キャッチボールをする光景が各家庭の庭や公園で当たり前のように見られる状態であること。これこそが、「野球が普及している」と言える状態なのであり、そのためにも野球の魅力を知る人を増やし、野球のおもしろさが脈々と伝えられる環境にしなければならないと教えてくれたのだ。私の中で普及の定義が明確になり、より一層やる気が湧いたのを、今でもはっきりと覚えている。逆に言えば、今の日本は離婚率も上昇し、キャッチボール禁止の公園も増えたことも、野球人口減少の一因になっているのかもしれない。

青年海外協力隊時代。金属バットの製造にも挑戦した

全力で取り組んだジンバブエでの指導の様子

成果と課題

謹慎期間に1度腐りかけたが、私が熱量を絶やすことなくジンバブエでの普及活動に取り組めたのは、現地で出会った4人の少年の存在が大きい。

1人目は、前述のモーリス・バンダ。大半のアシスタント候補に袖にされた中、「野球が好きだから」という一心で私の右腕となって働いてくれた男である。彼の熱意は、期待と不安の両方を抱いて現地に来た私に、「これだけ野球を愛している人がいる国なら大丈夫かもしれない」と思わせるには十二分のものだった。

2人目は、活動当初の私に野球の魅力を端的に教えてくれた、これも前述したが、サッカーが苦手で野球に興味を示した少年だ。

3人目は巡回中のある〝騒動〟の発端となった少年。巡回先が増え、次の学校に急いで向かわないといけないときに、持参したグラブなど、道具を置き忘れてしまったことがあった。私はグラブを一つ詰め忘れたことに気づかずに出発してしまい、次の指導先に到着してから大慌て。急いで前の学校に戻ると、貸し出し用のグラブとボールで〝壁当て〟に興じる少年がいた。どうやら後でもう1度野球で遊ぼうと、私が気づかないように草むらにグラブを隠していたようだ。それを知った私は「ダメじゃないか！」と少年を叱責した。私の剣幕におののいた少年はひとしきり泣いた後、涙声でこうつぶやいた。

「だって……だって野球がおもしろいんだもん」

この思いを聞いた瞬間、思わず少年を抱きしめ、「ごめんよ！」と謝罪した。少年と野球を結びつけたのは私だし、そもそも野球がおもしろくなければ、グラブを盗もうとなんて思わなかったはずだ。もちろん窃盗は褒められたことではないが、こんなにも野球を好きになってくれたことが無性にうれしく、頭ごなしに叱った自分を責めた。

4人目は、ジロータ・ムクルリという、ジンバブエU15代表チームの1番打者にまで成長した選手だ。ジロータとの出会いは、巡回先から寮に帰る道中だった。

乗り合いタクシーの窓の外に、裸電球がくくり付けられた電柱の薄暗い灯りの下で、素振りをしている少年がいた。よくよく見ると、手にはバット代わりの木の棒。それを一心不乱に振り回していたのが、ジロータだった。思わず私は車を降り、話しかけた。

「おいおい、何をやっているんだ？」

「野球が上手くなりてえんだよ！」

彼の熱意に魅力を感じた私は、代表チームに抜擢した。その後、ジロータは飛躍的に成長し、「20代になるころには、日本の社会人野球チームに入団しても戦力になるのでは？」

と感じるほどのポテンシャルを見せていた。

最終的には職を求めて他国へと旅立ったため、日本行きは実現しなかったが、〝ダイヤモンドの原石〟と呼べる選手に出会えたことも大きな経験だった。

野球に魅せられた4人の少年に出会ったことで、私は「ジンバブエに野球が残る、絶対普及できる」と確信。そして、野球を伝えることが私の天命だと直感し、走り続けた。


ジンバブエで奮闘した2年間は充実したものだったが、同時に無力感に苛まれる日々でもあった。というのも、5人の隊員でジンバブエ全土を駆け回ったものの人員不足を痛感。任期の終盤は1人増員の形で、現在、福岡ソフトバンクホークスの国際スカウト部長を務める松本裕一さんが赴任してくれたが、それでもカツカツの状態だった。

そこで「現地の指導者を増やそう」と教員向けの指導者クリニックを開講したり、現地の教育大の履修科目に野球を加えてもらうなど、策を講じたりもした。

1カ国の普及でも、これだけ大変なのだ。「世界に野球を広める」となると、ものすごい数の協力隊員が必要になるし、個々の熱量の差も生じてくる。結果として、熱心な協力隊員がいる町にしか野球が普及しないことになる。青年海外協力隊は素晴らしい組織であり、制度だと思うが、個人の熱意で実現できることの上限、〝ボランティア〟で普及することの限界も感じさせられた。

それでも、活動の最後に町で見かけた少年たちが、もう1度私のやる気に火を付けてくれた。

貧困層が暮らす町の路地の周辺にいた彼らは、穴が開いてぺしゃんこになったサッカーボールに紐を通し、手首に固定してグラブ代わりにキャッチボールをしていた。別の少年は、とうもろこしの粉を煮詰めて作るジンバブエの料理「サザ」を作るときに使う木の棒をバット代わりに、仲間の投げる木の実を打ち返していた。

道具や場所がなくても工夫して野球遊びをする子どもたちを見たら身震いが止まらなくなった。

「ここに帰ってきて、絶対野球を根付かせるぞ」

心の中で、日本帰国後に知識を蓄えジンバブエを再訪すると誓った。

後任である松本さんに活動内容を引き継ぎ、少しばかりの達成感と山積みになった目標達成のための課題を抱え、１９９８年1月1日に日本に帰国した。

帰国直前、指導したジンバブエの少年たちとの記念写真

第4章

スポーツマネジメントの世界

帰国

1998年に帰国した私は、まず大学院に入学することにした。ジンバブエで野球の普及活動をする中で、発展途上国に関する知識が根本的に不足していると痛感したからだ。

そこで東京都内にある杏林大の大学院に進み、「なぜ貧富の差が生まれるか」を腰を据えて研究しようと考えたのだ。研究自体は非常にやりがいがあったが、所属した研究室の教授と、まあ馬が合わなかった。私が現地での経験を踏まえて、「こういった傾向があったように感じたんですが」と投げかけても、外交官出身の教授は政治方面からのアプローチしかできず、ミクロ経済やスポーツに関連した話は理解してもらえなかった。私も若かったので、「現場を知らないやつが何を言ってるんだよ」と反発してしまい、日に日に溝は深まっていった。

人間は、置かれている現状に満足していないとき、楽しかったころの思い出に浸ってしまうものだ。日本の大学院で鬱屈《うっくつ》した日々を過ごしていると、ジンバブエで奮闘していたころの充実した時間が恋しくなる。そんな思いを抱えていたある日、自宅の電話が鳴った。

なんの気なしにとった電話は、外務省、青年海外協力隊の派遣元であるＪＩＣＡ、アフリカ野球・ソフトボール協会という、錚々たる団体からの連名での連絡だった。驚きを隠せない私への第一声は、「『アンビリバボー』、見ていますか？」だった。

フジテレビ系列で放送されているドキュメンタリー系のバラエティー番組『奇跡体験！アンビリバボー』では、98年当時、野球のガーナ代表チームにプロ野球の広島やロッテで活躍した高橋慶彦さんを特別コーチとして派遣する様子を放送していた。その放送を見ているかという質問だった。

私が「見てますよ」と答えると、「それなら話が早い。堤さん、ガーナに1年間行ってもらえませんか？」とのこと。青天の霹靂《へきれき》である。私に声をかけた理由を尋ねると、「ガーナでの活動に協力してくれる人材を探そうと、アフリカ野球・ソフトボール協会に問い合わせたところ、『ジンバブエで精力的に活動していた、堤さんがいいのでは』と推薦をもらったので」と。それを聞いたとき、率直にうれしさがこみ上げた。私は、甲子園に出場したわけでもないし、大学野球での実績も皆無。日本野球界では無名中の無名、端も端にいる存在だ。そんな人間が1万3800キロも離れた国から「ぜひ来てほしい」と指名されるのだから、うれしいに決まっている。

さらに尊敬する村井洋介さんからも国際電話をいただいた。

「お前の命を、あと1年アフリカの野球に使ってくれ」

私がジンバブエに向かう最大の理由だった村井さんの熱いメッセージで、決意は強固となった。

そして、研究室の教授には「しばし現地でリサーチをしてきます」、母親にも「ちょっと行ってくるわ」とだけ告げて大学院を休学し、ガーナへと向かった。

私の役割は、2000年に開催されるシドニー五輪への出場を目指す、野球ガーナ代表チームの指導だった。先に述べた通り、代表チームには高橋慶彦さんが特別コーチに就任されており、私は少年時代にプロ野球中継を見て憧れていたスター選手とともに過ごすことができた。

その中で強烈な印象として残っているのが、慶彦さん（普段こう呼ばせてもらっているので、以降はこう記す）の練習に対する考え方だ。

慶彦さんは投手としてプロ入りし、後に野手転向。さらにそこから左右両打席に立つスイッチヒッターに挑戦したという経歴を持っている。それまでまったく振っていなかった左打席で、プロの投手が繰り出すキレのあるボールに対応するというのは、とんでもない苦労があったのは想像するまでもないが、慶彦さんはさらりとこう言った。

「今までの野球人生で右打席で振ってきたのと同じスイング数を、左打席でも1年間振っ

ガーナ代表を指導していた頃

たらなんとかなったよ」

最初は耳を疑った。プロに行く選手が振ってきたスイング数が膨大なことは、東北福祉大時代の猛者たちの努力を見ても明らかだった。それをたった1年間で済ませたというのだから、とんでもないことだと。だが、同じ量の努力を短い時間でこなすことで、猛スピードで成長できる。このエピソードから実感した「努力とは時間を短縮するものである」は、高校野球の指導者となってからも、大切にしている考えの一つだ。


ガーナ代表チームでの活動中には、うれしい再会もあった。シドニー大会本選への出場を懸けたアフリカ予選で、ジンバブエと対戦。その一戦の会場にいたのが、かつて私を公私ともに支えてくれたモーリス・バンダだった。

モーリスは私がガーナ代表に関わっていることを把握していたようだが、会場にいるなんて思ってもみなかった私は、「えー!?」と驚き、旧交を温めた。ジンバブエへの派遣当時はお互い持っていなかった携帯電話も90年代後半には爆発的に普及しており、モーリスも私も所持していた。早速、電話番号とメールアドレスを交換した。後の章で詳しく触れるが、この連絡先の交換によって、モーリスと私は〝生涯の友〟として交流が続くことになる。

ガーナ、ジンバブエともに予選の最終トーナメントの準決勝で敗退。本選出場の最後の椅子を懸けた3位決定戦で再び対決したのだが、あえなくガーナが敗退し、私のシドニー五輪挑戦は幕を閉じた。

予選敗退が決まり、00年3月に帰国すると、今度は福岡に新設されたスポーツマネジメント会社で働き始めた。入社の経緯もなかなか変わっているので、順を追って説明したい。

この会社は、当時のプロ野球、ダイエーホークスの監督だった王貞治さんの秘書の竹内孝規さんが興したものだった。所属していたのは、社長である竹内さん、当時ダイエーの主力選手だった松中信彦さんやプロゴルファーの片山晋呉さんと契約を結んでいた敏腕トレーナー、そして取締役として入社していた慶彦さんの3人である。それぞれの分野で類いまれな能力を持ちながらも、ビジネスの場での実務経験は皆無。この3人の能力をビジネスに生かす、お金に換えていく立場の人間を探している段階だった。そこで、慶彦さんがガーナで知り合った私を、「おもしろいやつを見つけた」と社長に推薦してくれたようで、ガーナ滞在中に1度、国際電話で「うちで働かないか」というオファーをもらったのだ。

当時は「スポーツマネジメント」なんて言葉がまだ浸透していない時代だ。まず私は業務内容について質問した。

「何の仕事をする会社なんですか？」

「逆に聞くが、堤くんは何を仕事にしたいんだ？」

「世界に野球を普及させたいので、それを仕事にできないかと思っています」

「それがビジネスになるなら、どんどんしてもらって構わない。で、なるのか？」

「すぐにはならないと思います」

「なら、まずはお金になる仕事をして、ゆくゆくやってくれたらいい」

続いて私が給与について質問すると、「君の言い値でかまわないよ」。駆け引きの場だと感じた私は、鎌をかけて気持ち多めの希望額を伝えると、「それでいこう。では、よろしく」とあっさり決定。こうして、私は大学卒業以来初めて会社員になった。

00年4月。初出勤の日に伝えられた住所に向かうも、そこにあるのは、どこをどう見ても別の会社。疑問に思いながらも建物に入ると、他社がオフィスとして使用しているフロアに、パーテーションで仕切られている一角があった。広さにして、およそ10畳分。他社に間借りしている極小のスペースが、私が働く会社だった。すかさず社長に聞いた。

「ここ、人の会社じゃないんですか!?」

「うん、借りているんだよ」

「今日の仕事は？」

「ああ、探してきてくれ」

「え？」

「君はアフリカでゼロからやってきたんだろ？　だから声をかけたんだよ」

困惑すると同時に、大きく、熱いやる気が芽生えてもいた。「プレーイングマネジャー」を自称し、練習メニューの作成からユニホームの刷新など頼まれてもいないことまでやり尽くした高校野球時代、野球が根付いていない土地で奮闘したジンバブエ、ガーナ時代に象徴されるように、元々私は何もないところから物事を進めていくことに喜びを感じる人間だ。「オフィス」という気取った表現が合わない、10畳の仕事場からのスタートに燃えないわけがなかった。


慶彦さんを講師に野球教室や講演会の企画、および営業。地域のゲートボール大会、健康ウオーキングイベントの開催……。できることを探して、仕事を作り出して、遮二無二に働いた。

会社で取り組んでいた事業の一つに、委託されていた青汁の販売営業があった。プロモーションの一環として仕掛けたのが、ドキュメンタリーテーストの通販番組の制作だった。ガーナに赴任した際にできたディレクターの渡邊松太郎さんたち、『奇跡体験！アンビリバボー』のスタッフとのつながりを生かそうと考えたのだ。

「テレビ局の社員たちに局を跨《また》いで放送される他局の番組を依頼するのは難しいのでは？」と思った方もいるかもしれないが、テレビ番組の制作チームの多くは、特定の会社に所属していないフリーランスの集合体であることが多い。『アンビリバボー』の制作チームもご多分に漏れず、プロデューサーだけは大手制作会社の社員だったが、他はフリーのテレビマンたちだった。

だが、実際に依頼すると交渉は難航。何せゴールデンタイムに全国ネットで放送される人気番組を手がけるスタッフたちだ。「なんでオレたちが地方の通販番組を作らなきゃいけないんだ」と当初難色を示していたが、ここは海外での経験で培った、私の真骨頂である口八丁に手八丁の交渉術の出番。「これからの時代、必ずドキュメンタリーと販売促進を掛け合わせる時代が来る」と力説し、なんとか承諾の返事を引き出した。

出来上がった通販番組は、素晴らしいクオリティーだった。芸能人や飲食店の店主などが登場し、自身の闘病生活をありありと語る。そこからの復活劇を描いた映像は、地方の通販番組の域を優に超えていた。

私は自信満々だったが、番組の3本目までは世間の反応が薄かった。「このままだと5本まで放送して打ち切り」という話も上がり始めていた4本目が大反響を生み、商品の青汁も大ヒット。スポンサー企業の年商は20億、30億円の規模だったが、番組の効果で240億円まで急成長。ビルのワンフロアを借りてオフィスにしていたのが、1年後にはビル1棟を丸々借り上げ、その3年後には博多駅の裏に自社ビルを建てるまでになり、「日本で一番勢いのある会社」とまで言われるようになった。それが「緑効青汁」を主力商品とする、アサヒ緑健である。

当時はめずらしかった通販ドキュメント番組という新ジャンルも、その後、大手保険会社が取り入れるなど、業界のスタンダードとして定着。もちろん敏腕テレビマンたちの存在があってこそだが、松太郎さんと私で練り上げた企画は、先見の明があったと自負している。

大ヒットした「緑効青汁」の通販番組以外では、日本に〝ファストファッション〟の文化を根付かせ、今や世界的な大企業に君臨している「ユニクロ」の販売促進イベントを手がけたりもした。汗をかいてもすぐに乾き、べたつきなどが残らないという速乾性が魅力の「ドライTシャツ」をアピールしたい、という企業側からの依頼だった。

会場に福岡ドーム（現・福岡ＰａｙＰａｙドーム）を用意するなど、非常に気合の入った大規模なイベントである。だが、夏に開催されるイベントにもかかわらず、予算の都合上、稼働させたら1日で約３００万円かかってしまうドームの空調使用はＮＧ。仕方ないので、水分補給などの熱中症対策を徹底した上で、ドライＴシャツを着用した小学生たちにサッカーをしてもらった。当然、子どもたちは滝のような大汗をかき、運営の私たちを含めた大人の全身にも汗、汗、汗。私たちのワイシャツがベットリと肌に張り付く一方、子どもたちが着ていたドライＴシャツはサラサラの風合いのまま。「百聞は一見にしかず」を身をもって表すイベントで、当日は大盛況。完全なる〝怪我の功名〟だが、ドライＴシャツの販売促進にも大きな効果があったと聞く。

ユニクロ側もイベントをいたく気に入ってくれたようで、このイベントが前身となった「ＪＦＡユニクロサッカーキッズ」という同社主催のサッカー大会は、20年を超える長寿イベントとして定着している。

イベント開催に至るまでの打ち合わせや記者会見で、ユニクロの柳井正社長と顔を合わせたが、一切の隙を感じさせない所作に圧倒されたことが印象深い。

基本的に私はお調子者の気質が強く、自己紹介から〝一ボケ〟をかまし、相手の懐に飛び込んでいくことが多い。高校野球の監督となってからも、初対面の監督と挨拶する際は名刺入れに忍ばせているキャバクラ嬢の名刺をわざと渡し、相手を笑わせるのが通例だ。ここで「何ですか、コレ！」と笑ってくれる人とは当然気が合うだろうし、「何をやっているんだ、こいつは？」と白ける人は、なかなか打ち解けられないのは目に見えているので、案外バカにできない挨拶方法だと自画自賛している。

当時はこの鉄板の挨拶を持っていない時代だったが、柳井社長に挨拶する際には、「冗談でも変なことができないな」とたじろいだ記憶がある。その後、柳井社長は1度社長から退いた後、05年に再び復帰。経営へのストイックな姿を垣間見た人間の1人としては、妙に納得したものだ。

諸見里しのぶとの出会い

テレビ制作、スポーツイベントの企画、運営で会社が軌道に乗っていく中で、私にとっても会社にとっても大きな転機となる出来事があった。後にプロゴルファーとして活躍する諸見里しのぶ選手との出会いである。文章の中とはいえ、「諸見里選手」と記載するのはどこか気恥ずかしいので、以降は普段の呼び名である「しのぶ」と記させていただく。

しのぶと初めて顔を合わせたのは、私が会社員となった年で、彼女が13歳だった2000年。9歳でゴルフを始めたしのぶは、数多くのジュニア大会で優勝し、「天才ゴルフ少女」の名をほしいままにしていた。『アンビリバボー』で「天才少女がアメリカのプロトーナメントに挑戦する」という企画ができればおもしろいと思い、その依頼のために沖縄を訪れたのが始まりだった。

しのぶの自宅は、プロ野球ファンの方々にとっては、北海道日本ハムファイターズのキャンプ地として馴染みの深い沖縄県名護市にあった。家からほど近い、名護のビーチを散歩しながら、世間話を交わした。話の流れで尋ねた「あなたの夢はなんですか?」に対する回答に、私は度肝を抜かれる。

ゴルフは道具から練習環境の確保まで、とにかくお金がかかるスポーツである。「沖縄に諸見里という天才ゴルフ少女がいる」と聞いたとき、漠然と「地場の中小企業の社長令嬢とかなんだろうな」と想像していた。だが、現実は大きく異なっていた。しのぶの自宅は6畳一間のアパート。決して裕福とは言えない生い立ちだった。その生活環境を目の当たりにしたので、「日本のツアープロになって、お父さん、お母さんに立派な家を建ててあげたい」。そんなかいがいしい答えが返ってくるだろうと思っていたが、彼女は違った。

「私、世界で勝ちたいんですけど」

大言壮語な夢を語る子どもの無垢な眼差しとは一線を画す、覚悟を決めた人間だけが見せる真っすぐな眼差しに圧倒された。そして、考えるよりも先に右手を差し出すと、無意識にこんな言葉が口をついた。

「一緒に世界を目指そう」

気づくと、私は「お願いします」と返答したしのぶと両手でがっちりと握手を交わしていた。

「スポーツマネジメントの会社」を標ぼうしながらも、これまでにやってきたことというと、スポーツイベントの企画立案がほとんど。スポーツに関係のない事業も少なくなかった。

マネジメントの「マ」の字も経験のない状況で、1人の選手を預かった。アマチュアからプロ選手に育て、スポンサーと交渉したり、プロ契約を結んだりといったことを私は一切経験していない。トム・クルーズ主演の映画『ザ・エージェント』を見て、「これがマネジメントなんだな」と思っていたぐらいのレベルだ。

まず私がやらなければならないのは、しのぶとマネジメント契約を交わすことの承諾を、社長たち会社の上層部から取り付けることだった。

社長には「この子がアメリカのプロツアーに挑戦する特集をテレビで作るから、それで利益は出ます。その後、世界に進出するためのマネジメントをやっていきましょう」と言って、了解を取り付けた。

だが、社長以上に難儀したのが、会社創設後に中途採用で私よりも後に入社してきた部長の説得だった。社長がダイエーに在籍していた時代の部下でもあったこの男、真面目なのはいいのだが、融通が利かないのが玉にきずだった。当時、女子プロゴルフのテレビ中継の平均視聴率は、わずか0・5パーセント（ビデオリサーチ調べ）程度。男子プロ以上の人気コンテンツとなった現在からは想像がつかないほど市場が小さく、「利益が出ないからやめろ」と突っぱねられた。

なんとか部長を説得しようと思った私は、アサヒ緑健の上層部に、プロゴルファーの「研修生」だった経歴を持つ社員がいたことを思い出した。「女子プロゴルフでビジネスを成り立たせるのは難しいですかね？」と疑問を投げかけてみた。彼の回答もまた「難しいと思う」というもの。手詰まりかと思われたが、ここで発想を転換させた。

「そもそも、しのぶは世界を目指しているんだし、日本の市場がどうとか関係ないよな」ある種の開き直りだが、彼女の夢は「世界で勝つこと」。ここを強調して部長も説き伏せた。会社としても選手とマネジメント契約を交わすのは初めてなので、契約書のフォーマットも社内に存在しておらず。アパートの賃貸契約書をたたき台に、何度も弁護士を訪ねて、来たる日のために契約書の準備をして、本格的にしのぶのマネジメントが始まった。

マネジメントといっても、私自身、ゴルフは素人なので、技術的な部分は当然ノータッチ。教えることといえば、プロになって人前に立つ存在になったときに困らないような所作の指導が大半だった。例えばインタビューの対応の仕方、誘導尋問に引っかからないように、言っていいことと言ってはならないことの区別……。思春期だった彼女からすると、うっとうしかっただろう細かいことまで、たたき込んだつもりだ。

所作と合わせて、口を酸っぱく言ってきたのが、「アマチュア時代に借りを作るな」という心構えだった。結果が出だすと、色々なスポーツメーカーが「うちの製品を使ってください」と集まってくる。それを安易に受け取ってしまうと、いざプロとしてメーカーと契約を交わす段階で、「あの人にもお世話になった、この人にも……」と、身動きが取れなくなってしまう。それを避けたかったので、必要なゴルフ用具や、師事していたレッスンプロのところに練習に行く交通費などが必要になった際には遠慮せずに言いなさいと伝えてきた。

本人の努力もあり、しのぶは順調に成長。高校進学にあたって、私は会社のある福岡県内の私立校を薦めると、しのぶからはまったく予想していなかった学校の名前が返ってきた。それが、現在、私が在籍しているおかやま山陽である。

理由を聞くと、「彩子ねえちゃんに『おいで』って言われたから」。なんでも、同じ沖縄出身でおかやま山陽に通っていたプロゴルファーの上原彩子選手から誘われたので、自分も行くというのだ。

当初、私は反対した。正直なところ福岡から岡山は中途半端に距離があって不便だと感じたし、上原選手はしのぶの3学年上で、入学時には卒業してしまう。それに練習環境を優先するなら、宮城の強豪・東北に進むのもありだと思った。沖縄出身で1学年上の宮里藍選手が通っていたこともあって同校を薦めるも、しのぶは折れなかった。

「藍ねえちゃんも電話をくれたけど、彩子ねえちゃんの方が先だったから」

沖縄の選手たちは幼少期から地元の大会で顔を合わせる機会も多く、長く一緒にやってきている分、〝家族〟のような深いつながりがある。それだけに、慕っている「彩子ねえちゃん」からの誘いは、しのぶにとって他のどんな理由にも代えがたかったのだ。

入学後は、様子を見に月に1回のペースで岡山を訪れるようになった。毎回、「意外に時間がかかるんだよなあ」とボヤきながら、博多駅から福山駅に向かう新幹線の座席に腰を掛けていたことを思い出す。

しのぶがおかやま山陽を卒業した翌年の05年に、日本のプロテストに合格。その2カ月後には、アメリカのツアーテストを受けるために渡米した。しのぶと私が、沖縄で語り合った夢が実現に向かう一方、おかやま山陽にも大きな動きがあった。

当時、野球部で大きな不祥事が発生し、監督が解任されたのだ。全国ニュースでも大きく取り上げられ、おかやま山陽の原田三代治理事長から連絡が入った。

「堤さん、ニュース見た？　もしかしたら諸見里にマスコミが寄ってくるかもしれない。ごめんね」

モバイルPCをインターネットに接続すると、ニュースサイトのトップに不祥事を伝える記事と原田理事長が謝罪をしている画像が表示され、騒動を知った。それを見た理事長は、おかやま山陽の卒業生であるしのぶに、この件に関する質問が投げかけられるかもしれないと教えてくれたのだ。結果として、危惧していた状況にはならなかったが、この1件を境に以降も理事長から私に連絡が来るようになった。

元々、しのぶは中学3年生だった01年にも1度アメリカツアー挑戦を予定していたが、断念した過去があった。出発を3日後に控えていた9月11日に、世界を震撼させたアメリカ同時多発テロ事件が発生したことが原因だった。

しのぶのアメリカ挑戦を追った『アンビリバボー』の映像には、楽しそうにアメリカ行きの荷造りをしている様子から一転、私の「アメリカには行けない。安全が保障されていない状況で、大切な選手を行かせるわけにはいかない」という電話を受けて号泣するシーンが収められている。

アメリカ行きは翌年に延期され、高校1年生の5月に挑戦することになった。私は入学後すぐに学校を長期欠席するのを忍びなく思い、理事長に「一緒にアメリカで試合を見ませんか？」と提案。そこで理事長と接点が生まれていたのだ。

最初は、「堤さん、野球関係のお知り合いが多いでしょうから、監督をやりたい人を紹介してくれませんか？」だった。だが、不祥事で揺れている真っ最中の野球部である。おいそれと知人を紹介するのも気が引けてしまい、のらりくらりとかわしていた。

そんなやり取りを重ねていると、理事長の投げかけが変わってきた。

「堤さん、教員免許を持っていたりします？」

そう、紹介ではなく、私本人に監督就任を打診してきたのだ。東北福祉大時代、入学した学部が教員養成課程だったということもあり、高校の社会科の教員免許は持っていた。この打診を受けた瞬間、私の脳裏にはある記憶がフラッシュバックしていた。

名将の一喝

時は私がガーナ代表に携わっていた1999年にまでさかのぼる。当時、日本のスポーツメーカーのデサントの協賛を得て、ガーナ代表のユニホームなどを同社が制作してくれた。担当してくれた社員は渡辺博敏さんという人だった。

渡辺さんは、西鉄ライオンズ、阪神タイガースでプレーした元プロ野球選手で、野球界での豊富な人脈を活用して、グラブ、バット、ボール、捕手の防具など総重量250キロ超になる大量の野球道具を用意してくれた。これをガーナに送ろうと思うと、とてつもない送料がかかってしまう。どうしたものかと思案していたとき、渡辺さんは娘がキャビンアテンダントとして航空会社に勤めていたことを思い出したそうだ。

「オレが持っていく」

当時、社員の親族は格安の運賃で搭乗できる上、搭載する荷物の重量は無制限。渡辺さんは、入社から30年近く勤務しながら1度も使っていなかった有給休暇を使って、ガーナへと飛んできてくれた。

野球道具の手配だけでなく、約2週間チームに帯同し、打撃投手も買って出てくれた。

渡辺さんは汗をぬぐいながら、「おもしれえなあ。これはおもしれえ。こういう野球っていいなあ！」と繰り返した。そして私にこう尋ねた。

「堤はずっとこんな野球をやってきたのか？」

私がジンバブエでも普及活動をしていたことを話すと、破顔一笑「うらやましいな、おい」と背中をたたかれた。プロ野球も経験した渡辺さんに、自分の歩みを褒められたことがなんだか気恥ずかしく、そして誇らしかった。

私が福岡で働き始めてからも、度々連絡をくださった。ある日、電話でこんなやり取りがあった。

「堤、前田さんを紹介してやろうか?」

「どの前田さんですか?」

「前田祐吉さんだよ」

前田祐吉さんは、自身の母校である慶應義塾大の監督を計18年間務め、8度のリーグ制覇を果たした名将で、当時は全日本アマチュア野球連盟のナンバー2。ちょうど私の兄が慶應に通っていたころの監督が前田さんだったという親近感と、〝エンジョイ・ベースボール〟の方針に感銘を受け、いつか会いたいと思っていた方だった。私は即答した。

「会いたいです!」

それを聞いた渡辺さんは、電話越しにも笑顔とわかるような柔和な声でこう言った。

「わかった。じゃあタイに行け」

「え!?」

驚いてしばらく状況が呑み込めなかった。会社員となった今、長期休暇を取るのは難しい。でも、絶対このチャンスを逃したくない。そこで、社長に「タイへ出張に行かせてください！」と相談した。

理由を問われると、「これからの野球はライツ（権利）ビジネスだから、連盟の人たちとつながりを持つのは、国際大会の放映権の取り扱いなどを含めて有益になってくると思いまして」とそれらしい理由を並べた。社長は納得していなさそうだったが、私がきっちり営業成績を残していたことから、承諾してくれた。なんとしてでも前田さんに会いたいという、私の気迫に気圧された面もあったのかなと、今では思う。

2001年2月。タイに渡り、前田さんと初めて顔を合わせた。最初は緊張していた私だったが、前田さんの気さくな人柄もあり、あっという間に意気投合。当時、前田さんはアジア野球連盟の事務局長を務めており、約2週間タイで野球教室を実施していた。「明日から野球教室が始まるから見ていきなさい」と誘ってもらい、翌日の野球教室をスタンドから見ていた。

一夜明けてグラウンドに向かうと、目の前で繰り広げられていたのは、4人の講師に対して、受講者が200人の野球教室。ジンバブエ時代、受講者に道具が行き渡らずに、「野球はつまらない！」と言われた経験がある私は、「これじゃあおもしろくないよなあ」と思いながら、グラウンドを見つめていた。すると、さっきまで投手を熱心に指導していた前田さんの声が聞こえてきた。

「堤くーん！　英語わかるだろ？　手伝ってくれよ！」

前田さんに「初心者グループを頼む」と言われ、球場外の広場で指導を開始した。参加者を見渡すと、ウズベキスタン、パキスタン、イラン、インドの人々が中心。キャッチボールもままならないレベルの選手が大半だ。私は、1人の大柄なパキスタン人を前に呼び出して、背後から思いっきり股間をつかんだ。

「ワオ！」

唐突に股間を鷲づかみされ、うろたえるパキスタン人。その様子を見た周囲は「この日本人は何をするつもりだ？」とざわつく。私は構わず握る力を強める。

「オオッ!?」

ひとしきり悶絶させた後、手を放し、英語でこう説明した。

「思いっきりつかむと痛いだろ？　だから卵を扱うように、ボールも優しく捕らなければいけないんだ」

この瞬間、広場は参加者の爆笑に包まれた。世界の共通言語は、笑顔と下ネタなのである。

2度の海外経験で培った手法への手ごたえを深めた直後、一気に血の気が引いた。一連の様子を20メートル後方から前田さんが見ていたのだ。日本のアマ球界ナンバー2で、アジア野球連盟の事務局長。日本のアマチュア野球の本流中の本流に、こんな下ネタ交じりの指導が受け入れられるはずがない。やばい。怒られる。激怒されると覚悟した私のところに前田さんがツカツカと寄ってきて、こう言った。

「堤くん！　いいよー！　君はいい！」

え？　褒められた？

何でも、前年までは社会人野球の有名監督たちを野球教室に派遣するのが通例だったが、キャッチボールから型通りの指導に終始していたらしい。でも技量のない選手がすぐにできるはずがないから、やっている本人も、教えている側もおもしろくない。そして、「もっとできるやつに教えさせてくれ」と不貞腐れていたそうだ。

それが、01年のITバブル崩壊による景気悪化に伴い、社会人チームからの派遣が難しくなった。日本野球界で無名の私がタイにのこのことやってきたと思えば、予想外にみんなが楽しそうに野球をやっている。この様子に前田さんも驚いたそうだ。すかさず前田さんが問う。

「これはいい！　他の引き出しもあるのか？」

「いくらでもありますよ！　アフリカでやってきたんですから」

「本当か！　よし、今日から君はアジア野球連盟のインストラクターだ！」

「え!?　自分がなれるんですか？」

「なれるに決まってるだろ！　だってオレが事務局長なんだから」

それから一時期は、全日本アマチュア野球連盟のホームページには「インストラクター」として私の名前が載っていた。プリントアウトして今でも手元に残している宝物だ。

翌年以降も毎年2月にタイで野球教室を担当するのが、ライフワークとなった。滞在中は、毎夜、前田さんたちと宴会に繰り出すのが恒例。そして、私のインストラクター最終年である05年の夜に、結果として私を高校野球の指導者へと導く言葉に出合う。

この夏、高知の強豪・明徳義塾が夏の甲子園出場を決めながら、部内の不祥事で開幕直前に出場を辞退。この大会を制し、夏の甲子園連覇の快挙を達成した北海道の駒大苫小牧でも大会後に部内暴力が判明するなど、高校野球界の不祥事がクローズアップされていた時期でもあった。酔いが回っていた私は、勢いに任せて持論を展開した。

「高校野球、ダメですよね。高校生は間違いを起こすもので、そこから反省しないといけないのに、試合に出さないとか罰を与えることだけ考えて。これじゃあダメですよね。特にマスコミがダメ。必要以上に騒いで。問題の芽を摘むことに躍起になる指導者も、不祥事を煽るマスコミも全部ダメ。日本の高校野球界で足の引っ張り合いをしているから、野球が普及しないんですよ」

　これを聞いた前田さんは、タイのホテルにあったレストランの円卓をバンっとたたいて、まくしたてた。

「堤！　お前は高校野球の指導者をしたことがあるのか？」

　私は困惑していた。前田さんは常に笑顔で、怒っている姿を見たことがないくらいの〝仏〟である。その前田さんがものすごい剣幕で激怒している姿に驚きを隠せなかった。

　私はたじろぎながら、「ジンバブエから帰国した直後に、母校の練習を少し手伝ったくらいです」と答えた。前田さんが続ける。

「なら、そんなこと絶対に言うな。指導者はみんな一生懸命やってるんだ！　マスコミの人たちだって、世の中を良くしようと必死に自分の仕事をしているんだ。高野連の人たちだって、嫌がらせをしてやろうと思って出場停止にしているんじゃないんだ！　みんな一生懸命なんだよ。高校野球の指導者をやったことがないなら口を出すな！」

　そして、最後にこう締めくくった。

「お前がアフリカの野球やアジアの野球を語るならいい。やってきた実績があるから。でも、高校野球の指導をしたことがないなら絶対に言うな。どうしても物申したいなら高校野球の監督をしろ。そして、地域の子どもたちが入りたくなるようなチームを作れ。そして強くしなさい。そうしたら、お前の意見を聞く」

私が謝罪をして、この場は収まった。前田さんに怒られた当時は、仕事も充実していて辞める気もさらさらなかったし、高校野球の監督をするつもりもなかった。

だが、おかやま山陽の理事長から監督就任の打診を受けたことで、ずっと頭の片隅に残っていた前田さんの言葉が鮮明によみがえった。同時に「これはきっと天命なんだ」と確信した。

整骨院のプロデュース、テレビ番組の制作、野球教室、講演の営業活動など進行している仕事がいくつもあったので、「即答はできません」と1度電話を切ったものの、心の内ではすでにこの瞬間「高校野球の監督になろう」と決意が固まっていた。

第5章

高校野球の監督に

おかやま山陽へ

後任の監督探しが難航していたおかやま山陽の理事長から「堤さん、教員免許を持っているなら監督をお願いできませんか？」と打診され、前田祐吉さんから言われた「どうしても高校野球界に物申したいなら監督をしてみろ」という言葉がフラッシュバックし、高校野球の指導者への転身を決意した。

決意を固めたのは、2005年の年末。マネジメントを担当していたゴルファー・諸見里しのぶが同年7月にプロテストを突破し、プロゴルファー転身に向けてスポンサー契約を進めていた時期だった。しのぶは日本のツアープロを経ずに海外に挑戦する方針だったため、多くの日本企業はスポンサーに名乗りを上げてくれなかった。手を挙げたとて、海外の試合にしか出ないのなら、日本国内でのPR効果は希薄なので致し方ない。それでも様々な人の助けを借りながら、何社かの契約を取り付け、プロ挑戦への目途が立った。ゴルフ用具一式を提供してくれたのが、テーラーメイドゴルフの日本法人。テーラーメイドゴルフと契約内容を擦り合わせ、契約書に捺印する調印式が、私の会社員としての最後の仕事となった。

高校野球の指導者転身への決意を固めたものの、社長に引き留められ、1度はビジネスマンとの両立も考えた。だが、会社と学校の距離、指導に割ける時間を考えると、どう考えても難しい。最終的に退職、教員への転職を選んだ。周囲からはことごとく「もったいない。これからなのに」と言われた。手塩をかけて育ててきたしのぶがプロになり、会社としては正にこれからが利益を生み出す局面だ。手前みそだが、当時の私は社内トップの営業成績をたたき出しており、同年代の会社員では考えられない年収を手にしていた。その点に関しても「もったいない」と散々言われたものだ。

テーラーメイドゴルフとの商談の際に、同社の菱沼信夫社長にも、「実は御社との調印式を最後に転職することになりまして……」と報告した。

菱沼社長は「え、なんで!? これからがあなたの会社としても勝負じゃないか」と驚き、「それで、次は何をするの？」と尋ねてきた。

「高校野球の指導者になります」

この時期に数えきれないほど繰り返したやり取りである。こう告げると「バカなんじゃないか？」と言いたげな顔をされるのが常だったが、菱沼社長は違った。

「へえ！　いいなあ。高校野球いいよな！」

野球好きということもあり、あっという間に意気投合。高校野球の話で盛り上がった。

そして、話の途中で菱沼社長が明かした。

「オレの息子、実は甲子園球児なんだよ」

菱沼社長の息子・信之さんが、1999年に東東京代表として夏の甲子園に出場した城東でプレーしていたというのだ。

「え？　本当ですか!?　僕、千歳高校出身ですよ」

こう返すと、商談そっちのけで東京の高校野球談議に花が咲いた。そして、菱沼社長から ある提案をもらった。

「城東時代の息子のチームメートで、なかなか教員採用試験に合格せず、ウダウダしているやつがいるんだよ。もし堤さんが一緒にやるコーチを探しているなら、1度会ってみない？」

指導者としての人脈をまったく持っていない私にとって、渡りに船である。ちょうど一緒にやってくれる若いコーチは必要だと思っていたので、「ぜひ紹介してください！」と即答した。そして、菱沼社長から紹介されたのが、現在に至るまで私の右腕としてともにチーム作りをしている斎藤貴志だった。

斎藤は菱沼社長の息子・信之さんと同級生で、城東の中堅手のレギュラーとして99年夏の甲子園に出場。その後、新潟大でスポーツ科学を学び、保健体育科の教員免許を取得したものの、高倍率な都立高校の教員採用試験の壁に苦戦を強いられていた。正採用の教員よりも給与の低い講師に甘んじている状況を見かねた菱沼社長が、「堤さんと一緒におかやま山陽に赴任したらどうか」と提案してくれたわけだ。

菱沼社長から伝えられた電話番号に連絡すると、すぐに斎藤が出た。菱沼社長から紹介を受けたこと、自分がおかやま山陽の監督就任が決まっていて、もし教員、コーチになる気があるのなら岡山に来てほしいと伝えた。縁もゆかりもない土地に行くことになるので無理強いはしないとも伝えたが、斎藤は「ぜひやりたい」という。時は、しのぶの調印式を年明けに控えていた05年12月。抱えていた仕事や引き継ぎでてんてこ舞いだった私は、東京に立ち寄って、かつ時間が取れる日が1日だけあったので、「12月某日に新宿駅の南口で！　この日が無理だったら、縁がなかったことにしてくれ！」と伝えた。今振り返ると自分から電話しておきながら一方的にまくし立てる、なかなかの失礼さだ。当時は多忙を極めていたので、それどころではなく、電話を切るとすぐさま仕事に戻った。

指定した12月某日。斎藤は新宿駅南口に現れた。ちょうど昼時で食事でもしながら話そうとなり、目に留まった喫茶店へと入った。

しのぶとの契約を承諾してくれた、他ならぬ菱沼社長からの紹介だ。斎藤が「やりたい」という意思を示してくれた以上、どんな人間であれタッグを組もうと決めていた。ただ、そこは人と人なので、性格や人間性が合う合わないは必ず生じる。会ったときに、そこだけは見極めようと思っていた。

私が人となりを見るときに意識していたのが、飲食店での注文をする姿を注視することだった。

個人的に飲食店で座席に着いて注文するメニューを即決できなかったり、誰かがメニューを店員に告げた後に、「同じので！」と注文する人間は好きではない。というのも、入る店を決めて座席に案内されるまでに、無数の判断材料があるにもかかわらず、それらを見過ごしているように感じられるからだ。イメージしてみてほしい。店の入り口にあるガラスケースのサンプル、席に向かうまでに他の人が食べている料理、メニュー表に目立つように書かれている「今日のおすすめ」など……。パッと思いつくだけでもこれだけ情報があふれているのだ。もちろん、店内が混雑していて、忙しそうな厨房の負担を減らそうと、全員で同じメニューにしたのなら、それは素晴らしい気遣いだ。だが、そういった意図もなく「同じので」と注文したり、席に着いてから「さあ、どうしようかな」と悩んでいるのは、周辺視野が狭く、情報への感度が低いと言わざるを得ない。これは、どんな仕事をする上でも致命傷になると感じている。

斎藤がどんな人間かと観察していると、「僕は『たらこスパゲティ』でお願いします」。

席に着いて、お冷とメニュー表を店員が手渡した直後の注文だった。この姿を見て、「あ、こいつとは上手くやっていけるかも」と思ったものだ。

私も同じく都立で高校野球をやっていたと伝えると、「千歳と練習試合をしました！　めちゃくちゃ元気のいい若いコーチがいた記憶があります」とのこと。時期を確認すると、98年。私がジンバブエから帰国し、大学院に通いながら、千歳の練習を手伝っていたころだ。斎藤曰く「元気のいい若いコーチ」、オブラートをとり外すと、今では〝コンプライアンス上では完全アウトな言葉〟で選手にハッパをかけていたコーチは、他ならぬ私だった。思わぬ接点に話が盛り上がったのは言うまでもない。

ひとしきり昔話をした後、本題に入った。私がニュースで見聞きしたり、理事長から伝えられていたおかやま山陽野球部の状況を説明しても、斎藤の意志は変わらず。正式にタッグを組むことが決まった。

後日、斎藤の高校時代の恩師である有馬信夫監督と会食の場を設けてもらった。有馬監督は、城東を甲子園に導いただけでなく、その後に赴任した総合工科を実力校に育て上げるなど、東京の高校野球界でも名うての実力派監督。定年退職を迎えたが、現在も足立新田で指揮を執っている。

会食の場で、私は有馬監督に頭を下げてこう言った。

「斎藤を3年間お借りします」

決して簡単ではない「都立で甲子園出場」を果たし、教員免許まで取らせている教え子だ。有馬監督としても、斎藤を自分の後身として都立球界を引っ張る存在に育てたかったのだと推察しての言葉だった。と言いつつ、結局20年近く斎藤を〝借りっぱなし〟になっているのだが。

ビジネスマン時代の終盤は金曜に福岡から岡山に移動し、日曜の昼まで練習を見る生活を送り、06年4月、おかやま山陽に社会科教諭として赴任し、正式に野球部監督となった。

上手いではなく、強い

おかやま山陽は、1924年に創立した岡山県生石高等女学校などを前身とする私立高校。2023年現在では特別進学、IT、公務員など7つのコースからなる普通科、卒業時の資格取得に力を入れる機械科、自動車科、調理科、製菓科の全5学科を設置している。前身の一つである山陽工業学校がルーツの機械科、自動車科は、地元の工業系企業の貴重な人材供給源として長い歴史を持つ。学校は岡山県の南西部に位置する浅口市にあり、隣接する倉敷市、笠岡市、広島県福山市から通学する生徒も多い。

よく「なぜ校名の『おかやま』がひらがななのか？」と聞かれるが、02年4月に「岡山県山陽」から校名を変更する際に、当時の理事長が「漢字で『岡山山陽』だと、『山』が連続して見栄えが良くない」と判断したからだと言われている。

野球部は49年に創部。かつては岡山県内でも強豪として知られた軟式野球部があったが、現在は我々硬式野球部のみが活動している。当時、プロ野球選手となったＯＢには、ロッテオリオンズで投手としてプレーした仁科時成さんがいた。

私が就任した06年時点では甲子園出場経験はなく、初出場を強く願った理事長は、00年代前半に他県の公立校を甲子園に導いた手腕を持つ人物を専任監督として招へい。関西や九州から有力選手を野球留学させて、早期の甲子園出場を狙ったが、部内不祥事が続き、立て直しが急務というありさまだった。地元からの評判も良くなかったのだろう。就任時、理事長から真っ先に告げられたのは、次の言葉だった。

「堤さん、あなたには『地域から愛される野球部』を作ってほしいんです」

少し拍子抜けした。てっきり前監督に厳命していた〝甲子園出場〟を告げられると思っていたからだ。野球の成績に関しては「私も野球が好きですので、地区予選を勝ち抜いて県大会に進出するぐらいの高校にはしてほしいです」とだけ。岡山では、県内を岡山市を中心とした東部、倉敷市近郊の高校が属する西部など、複数の地区に分けて予選を行う。

そこを勝ち抜いた、春は24、秋は20の高校が、県大会に進出できるのだ。簡単に言えば、県16強程度の力をキープしてくれれば十分ということだった。

私と斎藤の赴任とともに加入した新入部員はわずか3人。監督交代騒動があり、選手勧誘などができていないのだから今思うと当然なのだが、高校野球事情がよくわかっていなかった当時は衝撃だった。

高校野球の指導についても経験は皆無だし、おかやま山陽の野球部についてはほぼ何も知らない状態だ。就任間もない時期の練習試合で、岡山県内で審判員をしている方に「おかやま山陽の野球部って、地元でどんな存在ですか？」と尋ねた。

「あんたら、〝悪の枢軸国〟や」

最初は意味がわからなかった。なんでも、岡山県の高校野球界においては、倉敷商などの公立の伝統校が、無条件で応援される〝アイドル〟的存在。一方で、勝とうが負けようが県民に反感を買うチームが公立、私立にそれぞれあり、その中の一つがおかやま山陽なのだという。最初は信じられなかった。ちなみに〝悪の枢軸国〟とは02年に当時のブッシュ米大統領がイラン、イラク、北朝鮮の3国を批難する際に用いた言葉だ。

パンチの効いた発言に出鼻をくじかれたが、前監督が関西、九州方面からスカウティングした2、3年生は精鋭ぞろいだった。3年生には高校野球の専門誌に名前が上がる野手が複数いたし、2年生にも、後に社会人野球や台湾プロ野球でプレーした左投手の知念広弥が在籍。高校野球の指導者としての経験も知識もないので、「甲子園が狙える」とか、県でどれぐらいまで勝ち進めるかは見当がつかなかったが、今までの野球人生で見てきた選手たちと比べても「力があるなあ」と感心したものだ。

曲がりなりにも指導者としてキャリアを重ねた今、斎藤と昔話をすると感じることがある。ひょっとするとこの代が、私が指揮したチームの中で〝最強〟だったのではないか、ということだ。いや、最も強いというよりも〝最も上手かった〟の方が適切か。この「上手いではなく、強い」は、私の指導方針、チーム作りを語る上でのキーワードになるので、覚えておいてほしい。

監督となって初めての甲子園を目指した06年夏は、3回戦敗退。岡山城東に3対6で退けられた。今になって振り返ると、私の戦術面の知識のなさ、采配の勘の悪さがすべてだったと感じる。

夏の大会が終わり知念たちが最高学年となる新チームがスタートするが、練習試合で打線が長打を連発するなど、新チームも力は申し分なかった。秋の西部地区予選を突破し、県大会に進出。初戦敗退はしたものの、理事長の求める結果を残すことができた。だが、この後すぐに「県大会に出場し続ける実力をキープする」「地域から愛される野球部になる」という目標を達成するのがいかに困難なことかを身をもって味わうことになる。

年が明け、07年に突入してからの打線は絶好調だった。しかし、この年の3月に、埼玉西武ライオンズが、ある大学生のスカウティングの際に金銭供与を行っていたことが発覚。その選手が高校時代、入学金や授業料の一部が免除となる、〝特待生〟として在学していたことから、日本高等学校野球連盟（日本高野連）は、全国の高校が特待生制度を適切に運営しているかの調査に乗り出した。おかやま山陽もこの〝特待生問題〟の煽《あお》りを受け、一時期対外試合を実施できない事態となった。思わぬ逆風に見舞われたものの、夏の開幕を前にして、打線全体の高校通算本塁打は100本を超え、チーム打率は4割を上回った。手ごたえを持って夏の大会に突入するも、2回戦で岡山県共生に敗戦。3対12の完敗だった。結局、この代の最高成績は春の県16強。甲子園のかかった秋、夏の県大会は両大会を合わせてもわずか1勝に終わった。「練習試合では勝てるのに、なぜ公式戦で勝ち切れない？」と、最初は現実を受け止めきれなかった。

そして、前監督が勧誘した選手が完全にいなくなった状態の新チームは、散々な船出だった。

前年を下回る2回戦敗退で07年夏を終え、私と斎藤の赴任と同じタイミングで入学した植松正伍らのチームが始動した。当初3人いた2年生は1人が退部し、わずか2人。前年に初めてスカウティングに着手した1年生も、約70人に声をかけてみたが振られっぱなし。〝悪の枢軸国〟の意味を実感しながら、とにかく人数が必要だったので、どこからも声がかからないような実力の選手だけでなく、校内のソフトボール大会で動きの良かった生徒、中学のバレーボール部で腕の動きがしなやかだった生徒にまでも声をかけたというチーム力だった。

そして、練習試合、公式戦の両方で、大きな転機となる敗戦を経験することになる。

新チームの発足間もない8月に東海地方への遠征を実施した。まず愛知に向かい、愛知の超名門・中京大中京と、東北福祉大時代の同期である青柳博文が02年の創部直後から監督を務める群馬の健大高崎とのダブルヘッダーに臨んだ。

遠征中、健大高崎と同じ宿舎に泊まっていたのだが、まだ全国的に無名だったにもかかわらず、全選手がビシッと朝食会場にそろっている健大高崎に対し、おかやま山陽は10数名いる選手のうち、わずか2人しか席に着いていない。他は寝坊だ。

私が運転するマイクロバスで中京大中京のグラウンドに向かう道中でひたすら説教、グラウンドでは甲子園最多優勝の記念碑の前をスライディングパンツ一丁でうろつく選手がおりまた説教、試合は覇気なく大敗し、宿舎に戻ってからも言わずもがなの説教だった。

中京大中京でのダブルヘッダーの後は、久居《ひさい》農林を02年夏の甲子園に導いた松葉健司《たけし》監督が率いる松阪と対戦。実は私の就任初年度にも練習試合を実施し、このときは大勝していた。その際に松葉監督から「良いチームですねえ！　来年もやりましょう」とお声がけをいただいての再戦だった。しかし、選手の力量がガタ落ちしているチームでは、着実に実力を付けている松阪に叶うはずもない。試合は2対19の大敗だった。あまりの実力差に「すみません、コールドにしてください」と申し出たが、松葉監督は「練習試合なので最後までやりましょう。うちの8、9回の攻撃はなしで構いませんので」。攻撃を2イニング省いてもらって、この点差である。せっかく「良いチーム」と言ってもらいながらの大失態に、私は顔面蒼白になり、大敗を悔しがるでもなく呆然と立ち尽くす選手たちを見ていると、監督としての力の無さが情けなく涙が出てきた。

試合後はひたすら頭を下げた。松葉監督は「気にしないでください」と言ってくれただけでなく、「半年後にも練習試合をしましょう。堤さんは半年あればなんとかできる人だと感じていますので」と言ってくださった。しかも、決して遠征費が潤沢ではない公立校の松阪が岡山まで遠征してくれるという。東海遠征中、生徒に怒りまくっていた私だったが、松葉監督の温かさに思わず1度は止まった涙が再び出た。

岡山に戻ってからの07年秋の地区予選では、勝てば県大会進出の代表決定戦まで勝ち進むも、倉敷工に完封負け。斎藤は「ハンセン（久保田範泉）が三塁手の頭を越えるどん詰まりの安打を打った記憶がある」と言うが、私はまったくそのシーンを思い出せない。なので、倉敷工に〝完全試合〟を食らったと対外的には話している。

松阪との練習試合での大敗と、地区予選で倉敷工に喫した〝完全試合〟。この二つの衝撃的な敗戦で火が付いた私は選手たちに猛練習を課した。

バットを振り終えた後に疲労と痛みから手が開けなくなるほどの連続ティー打撃、インターバル走……。とことん練習した。その甲斐があってか、年が明け、練習試合が解禁されると勝ち星に恵まれるようになってきた。しかも不思議と接戦で相手についていって、最後は逆転して振り切るという展開ばかり。5月に松阪を岡山に迎えて実施した練習試合も同様だった。半年前は手も足も出なかった相手に食らいつき、6対5でサヨナラ勝ち。この勝利が大きな自信になった。

08年夏の県大会の抽選前、主将の植松に「どこを引きたいの？」と聞くと間髪入れずに「倉工（倉敷工）です！」。本番の抽選会では、有言実行で倉敷工と初戦で対戦するくじを引き当てた。

植松の威勢の良い返答に、「そうじゃないといけねえよな！　いいぞ、いいぞ！」と言った私だが、内心は「倉工だけは勘弁してくれ……。勝てっこないだろ」と思っていた。だが、松阪との練習試合と同様に、夏の1回戦で倉敷工に雪辱を果たした。スコアは11対10。野球通の人には「泥仕合」と言われてしまいそうなミスもある展開だったが、2度逆転し、8回に3点差を追いつかれるも、最後はサヨナラ勝ちする劇的な試合だった。続く2回戦も突破し、夏は就任初年度以来、2年ぶりの16強。同じ16強でも、力のある野球留学生をそろえたチームと、とてつもなく低いレベルからスタートした植松らの代とでは意味合いが大きく異なる。

振り返ると、〝上手く〟なるには意味のない練習もたくさんしたと思う。けれども、猛練習で心身が〝強く〟なったことで、公式戦で思いもよらぬ好結果を残せた。上手いよりも、強くなければいけない――。新生・おかやま山陽の指導方針がおぼろげながら定まった夏だった。

三つの転機

他のチームから見向きもされなかった選手たちが急成長したことで、県内外から入学希望者が増えた。希望者たちの練習や試合を見に行くと、驚くほど技術力が高い。「こんな選手たちが入ってくれるのか」と、私は舞い上がった。

ホクホク顔の私とは裏腹に、不安な表情を浮かべる人物がいた。小泉清一郎部長だ。小泉部長は、私の2代前に指揮を執った道廣天監督の下で部長を務めていた。前監督の就任に伴い、指導体制が刷新された後は軟式野球部の部長、監督を歴任。東京都出身で法政一(現・法政大高)、法政大という球歴を歩んだ後、高校野球の指導ができる学校を探して、北から南まで日本全国の学校に電話で問い合わせ、おかやま山陽に赴任したという熱血漢だ。その熱さでチームに好影響を与えてほしいと考えた私が懇願し、2008年夏の大会終了直後から部長に復帰してもらっていた。年長者でもある小泉部長がしきりに言う。

「堤、本当にええんか?」

というのも、入学を希望していた選手たちは、実力があるにはあるが、学校生活などの素行に問題があった選手がほとんど。指導に手を焼くことを嫌った強豪校からは入学を断られている選手が大半だった。前々監督の下で高校野球の指導を経験していた小泉部長は、この手の選手の扱いの難しさを骨身に染みて知っていたため、私に再考を促したのだ。

08年のチームは夏に劇的な勝利を収め16強入りしたとはいえ、秋、春は地区予選敗退。就任時の理事長から命じられた「安定して県大会に行く」という目標は達成できていなかった。少なからず焦りもあった私は、「青春ドラマのように体当たりで指導すれば、悪い人間も生まれ変わるだろう」と自分に言い聞かせ、部長の反対を振り切り、これらの選手たちを獲得した。

結果を先に伝えておこう。私の判断は大誤算だった。当時、独身だった斎藤が週の5日間、家庭を持っていた私と小泉部長が週1日ずつグラウンド脇に隣接された寮に常駐していたのだが、寮で問題が頻発。ゴミの分別ルールを守らない。また、寮の食事で出る焼き魚の身のほぐし方がわからず、斎藤が目を離した隙に捨てる、これは寮生活には関係ないが、練習試合でボールボーイをする際に風船ガムを膨らますなど、やりたい放題だった。斎藤が叱責して収まったかと思えば、また違った問題が噴出。斎藤に膨大なストレスがのしかかり、最後は体調を崩して救急車で運ばれる事態にまで陥った。

問題児たちに手を焼いた09年、春は地区予選を突破して16強、夏も1勝を挙げたが、秋は予選で敗退。選手勧誘での失態を含めて、責任を感じていた私は辞表を書いた。

が、理事長に辞表を差し出そうとするも、突き返された。

「まあまあ。まだ始まったばかりですから。もう少し頑張ってみてください」

この時期は、植松たちを猛練習で鍛え上げたことでつかんだ指導者としての自信も消し飛ぶくらい、常に悩んでいるような状態だった。試合では勝てない、「なんとかなるのでは」と思っていた生徒指導でも、自分の思いが上手く伝わらない。暗い迷路の中にいるような気分だった。

そんなとき、悩める私に三つのきっかけとなる出来事が舞い降りた。

一つ目は08年春のセンバツに、興譲館が初出場したことだった。興譲館は岡山県の西部、井原市に所在し、おかやま山陽のある浅口市からもほど近い。その井原市にある数少ない高校である興譲館が初の甲子園出場を果たし、地元は沸いた。甲子園初戦には、多くの市民が駆け付け、試合日は誇張抜きで町から〝人が消えた〟のだ。

実はこの興譲館、私がかつてある審判から聞いた〝悪の枢軸国〟の一角。そこから、主力の一部は関西からの野球留学生だったが、ベンチ入りには地元の選手も多数いるチームに生まれ変わり、甲子園初出場で地元を喜ばせる存在に変貌を遂げたのだ。よく知る学校が悪の枢軸国からの大々的な卒業を成し遂げたのを受け、私もおかやま山陽を浅口市の人々から応援されるようなチーム、地元の選手が入学したいと思ってくれるチーム、「地域から愛される野球部」にしたいと心の底から思った。

二つ目は、広島の名門・広陵の中井哲之監督との会話だ。力のある選手たちが多数いた就任当初に練習試合をしてもらったのだが、それ以降はおかやま山陽の戦力ダウンにより、少し疎遠になっていた。依然として戦力差はあったが、広陵に有原航平（現・ソフトバンク）が在籍していた10年から練習試合を再開した。

広陵が10年春のセンバツで4強入りを果たした直後に対戦し、打線は有原から5球で1点を奪う速攻に成功。だが、そこから投手陣と守備陣が踏ん張れず、あえなく逆転を許した。

ダブルヘッダーの第1試合と第2試合の間に中井監督と談笑していると、私の夢が話題に上った。私自身が使命と考えている「世界に野球を広める」という夢だ。

野球が世界的に見ればマイナースポーツであること、プロ野球が「日本一」しか決めない現状を打破しなければ、日本の野球人口も増えていかない……など持論を展開すると、恐れ多くも春のセンバツ優勝2度の名将・中井監督は「ええ話やなあ」と耳を傾けてくれた。これはチャンスだと思い、「中井先生からも、野球の普及についてメディアとかで話をしてくれませんかね？　甲子園にも出場されていて、すごく影響力があると思いますので……」とお願いしてみた。が、中井監督は首を縦に振らなかった。

「うーん。オレは海外の野球を自分の目で見たわけではないからなあ。それじゃあ説得力出んでしょう（笑）」

私ががっかりしていると、こう続けた。

「簡単なことよ。あなたが甲子園に出りゃええんじゃけ」

内心、「なんて無慈悲なことを言うんだ、この人は」と思った。それができたら苦労しないよと。でも、この中井監督からの一言で、少し視界が開けたような気もしてきた。それまでも選手たちに「甲子園に行くぞ！」とは言っていたが、今一つ監督の自分自身が本気になれていなかった。というのも、私の人生において〝甲子園〟を明確な目標として意識したことがなかったからだ。千歳でプレーした高校時代、甲子園は「選ばれし怪物たちが出る場所」と思っていた。ＰＬ学園の桑田真澄（現・巨人ファーム総監督）、清原和博（元・西武ほか）の「ＫＫコンビ」のような、天上人たちのみが立てる舞台で、自分には無縁だと。とにかく一つでも多く公式戦で勝つことだけを考えていた。

指導者になってからも、学校から甲子園出場を厳命されたわけではない。私の夢は「甲子園に出ること」ではなく、あくまでも「世界に野球を広めること」。甲子園の位置づけが、今一つはっきりしていなかった。

それが中井監督からの言葉で、「自分が甲子園に出て、発言の影響力が増せば、話を聞いてくれる人が増えてくれるかもしれない」と思えるようになった。初めて自分の夢を叶える手段として「甲子園出場」が必要だと気づけたのだ。

理事長から命じられた「地域から愛される野球部」の具体例を目の当たりにし、また甲子園に行く意味も自分なりに見出した。けれども、選手たちの問題行動は簡単に収まらないし、簡単に勝つことも難しい。悪戦苦闘していたある日、私のやる気に火を付ける、ある〝失言〟を耳にする。結果的にこれが三つ目のきっかけとなる出来事となった。

おかやま山陽の練習試合を見ていた、ある中学硬式クラブの指導者が「おかやま山陽にならら自分たちでも勝てそうだな」と言っているのを偶然耳にしたのだ。悪意を持った言い方ではなく、本音がぽろっと飛び出たような発言だったが、これがとにかく悔しかった。

中学時代に「兄に勝ちたい」一心から突然学習塾に通って猛勉強をし始めたように、私は元々反骨心を糧にして突き進んできた人間だ。この一言に奮い立ち、「今後10年以内に達成する目標」を三つに定め、部員たちに宣言した。

①プロ野球選手を輩出する
②甲子園出場
③部員100人超え。その人数でも全員が練習できる環境を整える

まず、③の環境整備から進めていった。私の就任直後は外野に雑草が生い茂ったメイングラウンドしかなかったが、機械科など工業系の学科に所属する選手が多い特性を生かし、まずネットを溶接して増やした。また、地元業者の助けを借りながら、バックネット後方に内野を少し広くした大きさのサブグラウンドを建設。予算が潤沢にあるわけではないので、内野の土は社会人野球の川崎製鉄水島野球部が使用していたグラウンドが閉鎖する際に、処分される予定だった黒土を譲り受けた。メイングラウンドの照明は、旧・広島市民球場で使用されていたものの〝お下がり〟だ。

現在は、外野の奥に壁当てやティー打撃ができる第3グラウンド、屋根付きの打撃練習場まで併設。「ザ・私立」ではない手作り感のあるグラウンドだけに、半端ではない愛着を感じているし、県内の某私立校がグラウンドを新設するにあたり（こちらの予算はなんと2億円！）、おかやま山陽のグラウンドを参考にしようと視察に訪れたのは密かな自慢だ。

この時期に、もう一つうれしい出来事があった。私が監督となったことを快く思っていないOBが少なくなく、就任からしばらくは歴代のOBたちから〝そっぽを向かれて〟いたのだが、09年の冬に1人のOBがグラウンドに現れた。現在はコーチを務める三谷大介である。三谷はおかやま山陽を卒業後、岡山商大を経て、社会人野球の三菱自動車水島（現・三菱自動車倉敷オーシャンズ）でプレーした投手。社会人野球最大の大会である都市対抗野球大会にも出場している一級の野球人だ。

その三谷が練習の見学に来たのはいいものの、口数が少ない男なので、今一つ訪問の目的が見えてこない。私は思い切って尋ねてみることにした。

「今日、何しに来たの？　オレの品定め？」

三谷は「そうです」と答え、母校のグラウンドを訪れた理由を説明し始めた。何でも、大学から社会人野球に進む際に大変お世話になった、岡山市のスポーツ店・タカギスポーツの高木光一社長に引退の報告に言った際、「母校に行ってこい」と勧められたのだそうだ。

「母校？　興味ないです」とつれない三谷に対し、高木社長は「新しい監督が来て、変わってきているから、とにかく見てこい！」と、強く伝えたという。

しぶしぶグラウンドに訪れると、よくわからぬ新監督（私）に課された猛練習に、決して上手いとは言えない選手たちが立ち向かっている。その様子に興味を持ってくれたようで、ジッとグラウンドを見つめていた。そこで私は三谷に提案した。

「もしよかったら練習を手伝ってくれないか？」

教員ではなく、会社勤めをしながらの外部コーチという形になるため「お金は出せないけど」と付け加えると、三谷は「一つだけ条件いいですか？」と言い、こう続けた。

「時々でいいから、一緒に飲ませてください」

私が「そんなんでいいの？」と聞くと、三谷は「それ〝が〟いいです」。

こうして、現在に至るまで投手コーチとしてチームを支えてくれている。OBの三谷がチームに戻ってきたことで、私たちの就任後に距離を置いていたOBの方々が徐々にチームを応援してくれるようになった。この変化も非常にありがたかった。

しかし、一進一退の日々は続く。11年の春は地区予選敗退で、夏も初戦敗退。さらに選手の問題行動も収まらず、こんな事件も起こった。

練習がオフだったある日、サッカー部顧問の同僚に、他校のサッカー部の顧問から電話があった。何でも私に至急伝えたいことがあるという。何事かと思って電話を代わった。

「おたくの野球部員が笠岡駅でたばこを吸っているところを見つけたので、捕まえました」

用件を聞き、血の気が引いた。喫煙した部員と電話を代わってもらい、「今すぐ学校に戻ってこい！」と叱責していると、その先生が再び電話を代わり、私を諭した。

「この子えらいんだよ」

え？　どういうことですか？

「ちゃんと喫煙コーナーで吸っていた」

私が激怒するのを止めようという、その先生なりの気遣いなのは承知しつつも、全身から力が抜けるのがわかった。

「すみません。法律は守れなくても、社会のルールとマナーは守れるやつで……」と返すのが精いっぱいだった。

今では半分笑い話だが、未成年の喫煙は重大な犯罪で、学校内で所定の罰則を与えられるだけでなく、高野連にも報告義務があり、対外試合禁止などの処罰がある。学校の管理職たちからは指導者の私も厳しく叱責され、「全然野球部の問題が減っていない！ それどころか前体制のときよりひどくなっているんじゃないか？」とまで言われてしまった。「このまま改善が見られなければ、廃部もあり得ますよ」。この痛烈な一言で、「なんとかせねばならない」と思考を巡らせることになる。

かつて学校に行けば教師陣と揉めていた、どうしようもない自分の中学時代を振り返ると、「悪いことをするな！」と言われるのが一番嫌だったことを思い出した。自分自身でわかっていたはずなのに、教員生活が5年目に差し掛かり、少しずつ〝教師っぽく〟なろうとしていることに気づかされた。「やめろ」と言ってもやめないならば、やめさせなければいい。こう考え、選手たちに以下のように伝えた。

「もし三つ悪いことをしてしまったのなら、それを上回る四つの良いことをしよう。トータルでプラスになるように生きなさい」

むやみに悪いことをなくそうとするのではなく、遅刻したのなら、その分ゴミを拾う、といったふうに「良いことをして」リカバリーをさせるという方針に変更した。後の章で詳しく触れるが、おかやま山陽で設けている66カ条の〝部訓〟（巻末に全文掲載）も、一般的な部内規則のように「〜をするな」ではなく、「〜したい」「〜でありたい」という文体にしている。その背景には、このような方針変更があったことを記しておく。

また、野球の世界普及への取り組みの一環として、11年からＪＩＣＡを通じて、海外への中古野球道具の発送を開始した。送付するのは選手たちが使わなくなったグラブやバット。自分が使っていた道具を寄付することで、選手たちに「自分も誰かの役に立っている」という実感を持たせたかったのだ。

そして、この11年の春は地区予選敗退、夏は初戦敗退……。凄惨な結果に私自身も変わらねばならないと決意した。私はこの夏の大会終了後に40歳の誕生日を迎えた。40歳は「不惑」と呼ばれる。孔子が自らの生涯を顧みて、学問に自信を持ち、進むべき道を確信した際に、「四十にして惑わず」と言ったと論語にはある。その不惑の年に抱いた思いが揺るがぬように手紙にしたため、選手たちの前で読み上げた。

「最近、両膝、腰、肩、首とボロボロなのに、いつまで野球をやるのかなと感じたことがありました。それはやはり小さいころから野球をしていて、色々な場面で感動するなど、努力が結果として出てうれしかったからだと思います。また20代での野球の普及活動で、3年間海外に住んでいたときに出会った子どもたちが、純粋に力いっぱいバットを振り、投げ、走る姿を見て、何か忘れた感覚を思い出させてくれた日々があったからだと思います。

その感動はお金で買えない素晴らしいものです。その感動を自分がまだまだ味わいたいと思っているし、これからの若い選手たちにももっと感動してほしいし、野球を知らない国の人には、野球を普及させてその感動を味わってもらいたい。

だから、今日40歳にして改めて心に決めました。

〜世界に野球を普及させることを天命と受け止め、世界に野球の素晴らしさを伝えてくれる人材を作る（野球用品メーカーの人、プロ野球選手、指導者、道具を提供してくれる人、海外に商社マンとして行く人など、どんな形でも）〜

そのために勝ちたい。ただ勝つのではなく、こういう勝つための使命、天命を持って甲子園で優勝し、そのチームの監督として言いたい。

また君たちには何度も言っていますが、『頑張れ』という言葉に価値が出る人間になってほしいと心から思います。そういう人間が日本から、このグラウンドから生まれるように、これからも野球に携わっていきます。1人で見る夢はただの夢、みんなで見る夢は実現の夢！」

自分の内に秘めず、あえて選手たちに伝えたのは、「自分自身をさらけ出そう」と思ったからだ。これまでの人生で、色々なものを独学で身に付けてきたはずなのに、なまじモデルが数多くいる分、「高校野球の指導者はこうあるべき」「教師とはこういうものだ」という先入観を持ちすぎていた。選手たちに伝えるのは、どこかの名監督が話していた言葉でしかなかったし、担当している世界史の授業も有名な予備校講師の講義をなぞっているだけだった。要は〝コピペ〟で薄っぺらだったのだ。これからはグラウンドでも教室でも、自分らしくあろうと決めた。余談だが、世界史の授業でも、3年生の3学期は指導要領の内容を先に終わらせた上で、ひたすらナポレオンを取り上げる。1度失脚しながらも復活する生き様がドラマチックで個人的に好きだからだ。

現在はおかやま山陽野球部の大きな特徴となっている中古野球道具の発送のスタートと、不惑を迎えた私の決意。そして、その後の1人の地元選手の入部が、おかやま山陽にとって大きな転機となる。

勧誘方針の変化

翌2012年に、早速、好転の兆しが見え始める。春の地区予選を突破し、09年春以来の県大会進出を果たし、1勝を挙げて16強入りしたのだ。ここから現在の23年春まで、秋春すべての県大会に連続して進出。12年は偶然に助けられた側面もあるが、ここまで県大会進出が継続できているのは、中古野球道具の発送にチームとして取り組み始め、選手も私自身も自分たちが戦う意味、甲子園を目指す理由が明確になったのがすべてだと感じている。

だがしかし、12年の夏は初戦で学校所在地が〝ご近所さん〟でもある玉島商に0対10の5回コールド負け。弁解しようがない完敗だ。そして、秋の大会に向けて新チームが始動したある日、理事長に呼ばれた。

「堤さん、あなたは高校野球の指導者をするには少しばかりバランスが良すぎるように感じています。監督を交代した方がいいのかもしれません」

簡単に言うと、〝クビ宣告〟である。この年、私たち指導者陣の希望で、若いOBがコーチとして母校に帰ってきていた。そのコーチを次期監督に、と考えていたわけだ。

理事長から言われた「バランスが良い」という言葉に、思い当たる節はあった。私は兵庫県内で「播磨地方」と呼ばれる、関西弁がきつい、近畿圏でもディープな場所で生まれ育った。一転、多感な中学、高校生時代は洗練の極み（笑）である東京都世田谷区で過ごした。そのため、口を開けば冗談が飛び交う西の文化、どこかスマート、クールな東の空気感の両方が理解できる。さらに大学は東北で過ごし、会社員として福岡にも住んだ。海外経験を含め、色々な文化、風習への耐性があり、環境に順応する力には自信がある。そういった人生の歩みを経て、かつては新天地でひと揉めするのが恒例だった私も、色々な相手とほど良い〝落としどころ〟を見つけるのが上手くなっていた。一方、勝負の世界で結果を残す人はというと、強烈に突き抜けたものがあったり、ある一点にすさまじい執着を持っているなど、ある種〝アンバランス〟な面があるものだ。就任時に命じられた「地域に愛される野球部」というには遠く及ばないチームだし、結果も出ていない。そして何より、私立校の経営者としてシビアに人を見極めてきた理事長には、私のバランス感覚のよさが物足りなく思えたのだろう。

続投の条件として提示されたのは「秋の県大会8強」。私は憤った。そもそも私がおかやま山陽の監督になったのは、理事長から「堤さん、やってくれませんか？」と請われたからで、09年のように自ら辞表を出すならまだしも、学校から解任されるのはおかしな話だろうと。それに、選手たちの前で再スタートを宣言して、わずか1年である。これでやめたら男がすたる。負けじ魂に火が付き、「絶対に勝つ。やめるにしても自分から辞表を出してやる」と思って、秋の戦いに臨んだ。

地区予選を突破し、県大会では2回戦から登場の組み合わせになった。秋の県大会は20校が出場するので、この時点で16強。1勝すれば晴れて続投が決まる。だが、初戦の相手は当時プロ注目のスラッガーだった奥浪鏡《おくなみきょう》（元・オリックス）を擁する創志学園だった。

4回裏におかやま山陽が先制するも、7回表に同点とされ、試合は延長戦へ。延長10回表に創志学園に3点を奪われ万事休す。1対4で敗れ、8強には勝ち進めなかった。

「終わった……」

選手たちにどう退任を伝えようか、これからどうしようかと考えながら球場を後にした記憶がある。だが、翌日学校に行き、理事長室に呼ばれると予想外の言葉をかけられる。

「堤さん、野球部を引き続きよろしくお願いしますね」

なんでも、球場で観戦していて感動してくれたらしい。理事長が亡くなられた今、なぜあそこで続投を許してくれたのか、詳細な理由を確認する術はない。不惑の決意表明から約1年。野球部、そして監督の私が殻を破りつつある……。こう感じてくれたのだと自分では解釈している。何はともあれ、私の監督生活は続くことになった。

敗れた秋の創志学園戦で、遊撃手として出場していた長身痩躯《そうく》の1年生がいた。後に私の教え子では初めてのプロ野球選手となり、現在は福岡ソフトバンクホークスでプレーしている藤井皓哉《こうや》である。

学校のある浅口市に隣接する笠岡市出身の藤井は、笠岡西中のエース投手だったが、その後に選出された地域の選抜チーム「備南西選抜」では3番手の扱い。中学時代は身長も低く、倉敷市内でも無名の中学生だった守屋功輝（倉敷工卒、元・阪神）を見て、「必ずプロに行く」と唯一見抜いていた眼力を持つ小泉部長から「藤井は絶対伸びる」と強い推薦があり、入学に至ったのである。とはいえ、県内での評判は、「悪くはないけど、スペシャルでもない」。〝中の上〟くらいの存在。だが、この「地元の中の上レベルの選手」が、おかやま山陽を選んでくれるようになったのは大きな変化だった。

今まで、おかやま山陽に来る選手と言えば、「野球は上手いがやんちゃな県外生」、もしくは「地元出身だけど、技術力もないやんちゃな子」が多かった。〝悪の枢軸国〟の評判通り、基本的に〝やんちゃな選手〟しかいない。もちろん例外はいたが、基本的にはこのどちらかだった。先に記した通り、私の短絡的な判断で野球は上手いが、学業成績が非常に悪い選手をたくさんとって、1度大失敗をしている。私を信じて一緒に岡山に来てくれた斎藤をストレスで倒れさせてしまった。結局、斎藤は管理職の判断で1年間、野球部の指導から離れ、療養せざるを得ない事態になった。「とんでもないことをしてしまった」と頭を抱えていた私に、小泉部長が諭してくれた。

「言っただろう？　いくら野球が上手くても成績が悪くては面倒見切れんて。指導者が倒れるような野球部はおかしいし、少し考え直そうや」

そこから選手勧誘の方針を見直した。中学校の学力評定のオール3程度を基準とし、野球の技術よりも人間性を重視する方針に刷新。中学生の試合を視察するときも、以前はプレーばかりを見ていたが、それ以外の部分を見るようにした。例えば凡退した後も全力疾走をしているか、投手であれば味方が失策したときに不貞腐れずに投げ続けられるか、安打を打った後に打撃用手袋や防具を投げずに、駆け寄った控え選手にきちんと手渡しているか……。プレー以外の所作を、つぶさに観察した。小泉部長の息子と、私の長男・尚虎《たかとら》が同じ年代だったこともあり、部長と定めた方針の一つが「自分の息子を入れたくなるような野球部にする」。野球が上手くても冷めている集団ではなく、野球好きがグラウンドに集うような野球部にしようと決めた。

新しい基準で選手を探していると、この条件を満たし、かつ野球の技量も悪くない選手がちらほら見つかるようになる。とはいっても、野球の能力的には当時、岡山県内で圧倒的な強さを誇っていた関西《かんぜい》や岡山理大付のような強豪校が、いの一番には声をかけないであろうレベルだ。そこで、〝あえて〟このレベルの選手たちに早めにアプローチをかけることにした。

今までは名門強豪校と同じく「野球が抜群にできて、素行も普通な選手」をやみくもに追いかけて、「やっぱり来てくれないよな……」とひとしきり肩を落としてから、それに次ぐ選手、言ってみれば実力的には二番手の選手のスカウティングを始めていた。それを前倒しして、最初から二番手あたりの選手を重点的にスカウティングし、高校で大きく成長しそうな選手を発掘するようにしたわけだ。

それでも最初は振られっぱなしだったが、中古野球道具の発送を始めてから少しずつ部の雰囲気も変わり、秋春の県大会にも顔が出せるようになると、岡山県内での見られ方も変わってきた。藤井のような「人間性に問題がない、そこそこ野球ができる選手」が入学してくれるようになったのが、おかやま山陽の変化の何よりの証明だった。

とはいえ、藤井の高校入学時の球速は122キロ。こういっては何だが〝どこにでもいる〟中学生だった。それでもキツイ練習から逃げたり、ごまかしたりすることは皆無で、今までの手を焼いていた選手たちとは毛色の違いを感じたものだ。藤井を投手としてどうやって伸ばしていくか。次第に私は、過去のある生徒に対する〝罪滅ぼし〟のように、投手育成に腐心するようになる。

プロ野球選手の誕生

時は、私がおかやま山陽の監督となってから1年弱の2007年にまでさかのぼる。チームには素晴らしい投手がいた。当時2年生だった知念広弥だ。高校2年生時点で直球の最速は143キロに達し、プロのスカウトも視察に訪れた好左腕。練習試合では、ほとんど直球しか投げずに二桁奪三振を記録したことが何度となくあった。

知念は私が就任した年の2年生。沖縄出身で、多分に漏れず前監督が野球部強化のため

【図①】おかやま山陽の中古野球道具発送
（JICA「世界の笑顔のために」プログラム）の実績

	グローブ	バット	ボール	キャッチャー道具	ユニホーム	その他	新規国数	送付先	備考
H23	20	18	25	0	0	0	7	ガーナ・ニカラグア・ボリビア・エルサルバドル ブラジル・ペルー・ニカラグア	JICA 春秋合算
H24	26	10	36	2	0	0	2	ケニア・ジンバブエ	JICA 春秋合算
H25	52	11	20	5	0	0	5	カメルーン・ニカラグア・フィリピン PNG（※）・ベリーズ・モロッコ	JICA 春秋合算
H26	61	0	0	0	0	0	5	コスタリカ・タンザニア・ドミニカ共和国 モルディブ・ニカラグア	JICA 春秋合算
H27	66	15	0	2	0	0	3	ニカラグア・ジンバブエ・フィジー・モルディブ ウガンダ・バングラディシュ	JICA 春秋合算
H28	70	43	36	0	0	0	4	ルワンダ・ウズベキスタン・ジャマイカ ザンビア・ウガンダ・コスタリカ	JICA 春秋合算
H29	3	0	0	0	3	2	1	ニカラグア・ウガンダ・ボツワナ	JICA 春秋合算
H29秋	35	10	0	2	0	1	4	ネパール・ウガンダ・ジンバブエ・パラグアイ 東ティモール・ミクロネシア・ニカラグア	JICA 秋のみ
H30	30	10	60	2	0	0	1	マレーシア	JICA 春のみ
R01	22	0	3	0	0	7	1	エクアドル・タイ・ネパール・コスタリカ	岡山県 から
R02	80	15	100	3	15	10	0	アルゼンチン・ジンバブエ・スリランカ	JICA 秋のみ
R03	45	20	368	6	10	17	1	ジンバブエ・ナミビア・ニカラグア ホンジュラス・ベリーズ・南アフリカ	JICA 春のみ
R04	60	12	40	2	0	2	2		JICA 秋のみ
計	570	164	688	24	28	39	36		

おかやま山陽の中古野球道具の海外発送実績。道具の種類も豊富で、送付先の国も増えている
※PNG ＝パプアニューギニア独立国

に県外から連れてきた選手の1人だった。自分が岡山に来るきっかけとなった監督がチームを去ったにもかかわらず、知念は擦れたところがなく、野球に対して真っすぐだった。毎日のように行うブルペン投球でのこと。ある日は真上から投げ下ろすようなフォームを試し、次の日は少しインステップ気味に、また別の日はトルネード気味に……。

「監督！　今日はこういう意識で投げたんですけど、どうでしたか⁉」

キラキラした眼差しで尋ねてくるのが、知念という投手だった。

私は元々、高校時代に〝プレーイングマネジャー〟を自認し、「こうやったらもっと上手くなるのでは？」と練習メニューを考えたり、勝手にユニホームのデザインまで替えたりした男だ。それが高校野球だと思っていたので、高校野球の指導者になり、キツイ練習メニューに不満を漏らせど、「こういう練習をすべきだと思います！」というふうに食ってかかることもしない選手たちの姿勢に物足りなさを感じてもいた。なので、「もっと上手くなりたい！」「もっと良くなる術があるのでは？」と試行錯誤を続ける知念の姿勢は、かつての自分自身を見ているようで、たまらなくうれしかったのだ。

「いいぞ！　どんどんやってみよう！」

私が背中を押すと、知念はより一層やる気になり、私は目を細めた。2人して、すでに〝迷路〟に足を踏み入れたことに、この時は気づきもしていなかった。

今でもはっきり覚えている。知念が3年生に進級する直前の07年2月。知念から私の携帯電話に着信があった。電話越しに聞こえる知念の声は涙交じりで、震えていた。

「ボールが投げられなくなりました。グラウンドに入るのが怖いです」

自分のフォームを見失い、ボールの投げ方がわからなくなる、〝イップス〟になったという訴えだった。

知念をイップスにしてしまったのは、何を隠そうこの私だった。投球フォームの根幹が確立されないまま、色々な投法を試させたことで、知念は自分の投げ方を見失った。迷ったときに帰って来られる場所、戻れる目印を作らないまま、野に放ったことで、知念は〝迷子〟になってしまったのだ。知念は野球への好奇心、上達への意欲が人一倍ある選手。選手の「上手くなりたい！」という気持ちをかき立てるのが指導者の仕事だとするならば、必要に応じて〝上昇志向〟に待ったをかけるのもまた、指導者の重要な任務なのだと痛感した。

それからは、「イップスを治した」と話している指導者がいれば、噂レベルであろうと私費で教えを請いに行った。動作改善の専門家のセミナーを受講したこともあったし、精神面の影響が強い症状でもあるので、メンタルトレーニングの専門家を訪ねたりもした。誇張抜きで、知念のイップスを治すために、日本中を駆け回った。が、結局知念は、高校

3年の夏までに、もっと言えば高校卒業までにもイップスを治すことはできなかった。まともにボールを投げられない状態の投手をとってくれる大学は皆無に等しいが、「絶対良くなります！　ちゃんと投げたらすごい投手なんです！」と懇願し、東北福祉大の先輩である角尾貴宏監督が率いる金沢学院大に獲得していただいた。

大学でも3年生まで、ほとんどリーグ戦で投げられなかったが、4年生時に再び投げられるようになり、その後は社会人野球の九州三菱自動車、独立リーグを経て、台湾プロ野球でプレーするまでに復活した。その後、日立製作所で社会人野球にカムバックし、21年に引退。野球をやり切ってくれたのはうれしいが、私の指導者としての未熟さがなければ……という思いは一時たりとも消えることはない。

私は高校時代は外野手で、特筆するような投手経験はない。しかも、遠投100メートルを超える強肩に頼り、力任せに投げ続けていると高校2年時に右肩を故障。それが原因で投げることにストレスを感じるようになると、スローイングが嫌いになっていった。選手として箸にも棒にもかからなかった大学時代の苦い記憶もあり、〝投げること〟から逃げていた。考え方が変わったのは、1995年に青年海外協力隊の野球隊員として、ジンバブエで指導を経験してからだった。いわゆる「正しいと教わってきた投げ方」を野球経験の浅い子どもたちに教えるものの、どうもぎこちない。さて、どうしたものかと思考を巡らせると、「ボールを持っている手」に意識が向きすぎると、スムーズな動作が難しいと気づいた。そこで、キャッチボールをやめて、〝ハンティング・ゲーム〟をするぞ！と子どもたちを促した。体に当たっても痛くないゴムボールを用意し、ドッヂボールの要領で「先に体に当てた方が勝ち」というルールでゲームをしたのだ。すると、「ボールを投げる」のではなく、「どうやって狙った相手にぶつけるか」に意識が向き、驚くほどフォームが滑らかになった。その経験から、「投球動作を改善するには、いかにボールを持つ手から意識を遠ざけるか」がカギだと確信した。

その際の記憶と、知念のイップスを治そうと色々な投球理論にも触れたことで、ステップを入れながら投げ込むドリル形式の練習を考案した。知念のイップスを完治させることはできなかったが、このドリルは投球フォームの改善につながる、〝3ステップ〟としておかやま山陽の投手陣に定着。こういった試行錯誤を繰り返していくうちに、「こうやったら投手が育つのでは」という道筋が、おぼろげながらも見えるようになった。そして、藤井を成長させようと試行錯誤する中で、今に続く、おかやま山陽の体づくりと〝投手育成メソッド〟が完成することになる。

話を藤井皓哉に戻す。1年生時の藤井の体重は68キロ。当時177センチの身長からすると、どうしようもないくらいの〝ガリガリ〟っぷりである。なんとか体を大きくさせたいと考えた私は、妻にお願いして藤井の補食を作ってもらった。小さめの弁当箱に白米と前日に残ったおかずを詰めた簡単なものだが、効果はてきめんだった。2年生に進級するころには、76キロにまで増量することができた。私は、この成功体験から補食の必要性を痛感。藤井が、平日に2時間程度練習をした後、16時ごろに食べていたことから、チームでは〝4時メシ〟の愛称で各自用意した補食を取るのが今に続く伝統になっている。

藤井には、テークバックを取る際に背中側に腕を引きすぎる技術面の悪癖があった。ジンバブエでの経験と知念のイップス改善で蓄えた知識を掛け合わせ、〝満閉《まんと》じ〟という投球ドリルを考案。投球方向に対して、体を半身の状態にしたまま、スナップのように投げるドリルだ。そこに前述の〝3ステップ〟を加えた投手育成メソッドが完成した。藤井は1年秋が終わってから約3カ月間、この一連のドリルに取り組んでから、一気に球速がアップ。2年夏の県大会3回戦の倉敷商戦。2対5で迎えた9回表、3番手として公式戦で初めて登板させた。1安打は浴びたものの、前年夏の甲子園出場校相手に1回を無失点。直球は最速142キロを記録し、試合後、敵将である倉敷商の森光淳郎監督から「あのピッチャー、何者だ？　140出てたぞ」と声をかけられた。中学時代は目立たなかったけど、よく練習する子で伸びてきていて……と説明したら、「山陽、変わったなあ」と言ってくれた。16強敗退の悔しさはもちろんあったが、大きな手ごたえも得た夏だった。

おとなしい、内に秘めるタイプの性格だった藤井自身も変わってきた。野球用品メーカーの営業マンが、意図的に筋力トレーニング時の血流を制限することで、筋肥大を促す〝加圧トレーニング〟のウェアを売り込みにきたときだ。なかなか高価な商品で、購入を検討する選手は少なかったが、藤井は「どうしても欲しい」と手を挙げた。だが、藤井自身のお小遣いをかき集めても購入資金は捻出できず、諦めかけていた。普通ならばこれで話は終わるが、引っ込み思案の藤井が、私の知る限りでは初めて自らの意志をあらわにしたのだ。成長のきっかけになるような気がして、私が購入資金を肩代わりした。計算すると、毎月500円ずつ返せば、卒業までに完済できる。以降、藤井は1回も遅れず、毎月私に500円玉を手渡しに来た。今でも藤井から手渡された500円玉を詰めた貯金箱は大切に残している。テレビの取材では、「藤井がプロ初勝利を挙げたら、この500円玉で発泡酒を買って祝杯を挙げます」とコメントし、実際に1本は買って飲んだが、藤井との思い出の日々を想起させる500円玉を手放すのが惜しく感じられ、それからは手を付けられていない。

本人のやる気に火が付き、2年冬もウエートトレーニング、補食、投球ドリルで自分を追い込んだ。すると、3年春には球速が最速145キロに到達し、秋は挨拶程度だったプロ野球のスカウトたちも、前のめりの姿勢で視察に訪れるようになった。私が反骨心から宣言した10年以内の達成目標である、「プロ野球選手の輩出」が現実味を帯びてきた。

　今でも忘れられない光景がある。藤井が3年だった14年春の県大会だ。私の就任以降では最高成績である4強に進出。優勝を狙いにいきたい気持ちがなかったといえばうそになるが、勝負はあくまで夏。夏の大会のシード権も獲得できていたので、無理をするところではないと思い、関西との準決勝では藤井を投げさせなかった。中心打者でもあったが野手でもスタメン起用せず、試合出場は最終回の代打のみ。試合会場のマスカットスタジアムに「代打……藤井くん」とコールされた瞬間、球場全体が「しーん……」と静まり返る。その瞬間、鳥肌が立った。球場の観客全員が藤井の登場を待っていたかのような雰囲気に。「こういう選手がプロに行くのか」と思ったものだ。

　ビジネスマン時代、野球教室の企画で数多くのプロ野球選手と接してきたが、〝プロ野球に行けるかもしれない〟選手を預かるのは人生で初めて。勝手がわからなかったが、夏の大会前に投球を見ていただいた、母校の東北福祉大を率いる山路哲生監督から、「もしドラフト指名がなかったら、ぜひ入学してほしい」と言っていただいた。「ドラフト指名がなかった場合、進学します」という、通称〝プロ待ち〟での合格内定である。ひとまず進路の目途は立ち、あとは夏にアピールしようと夏の大会に臨んだ。

おかやま山陽にとっても、プロ入りを目指す藤井にとっても勝負だった14年夏は、早すぎる終わりを迎えた。シード校として臨むも、初戦となった2回戦で敗退。「4番・投手」で起用した藤井が自ら本塁打を放ち、自己最速を更新する147キロを計測するも、就実打線に7安打4失点を喫するという、無念の夏の終わりだった。

夏が終わり、再び進路について考える時間が増える。東北福祉大では、入学希望者の技量をチェックするセレクションを夏の大会後に実施していたが、山路監督からは「岡山から仙台は遠いし、実力が申し分ないことはわかっているから、無理にセレクションに来なくてもいい」と、言っていただいていた。だが、藤井は「これだけ良くしてもらっているのに、直接ご挨拶とお礼をしないのは失礼だと思います。仙台に行かせてください」と私に懇願。藤井の思いを山路監督にも伝え、セレクション参加のため、母校へと向かった。

セレクション当日、東北福祉大のグラウンドでアップが始まると、偶然視察に訪れていた、某プロ野球チームのコーチがつぶやく。

「誰や？　あれ、もうプロやろ」

視線の先にいたのは、ランニングで汗を流す藤井だった。まだキャッチボールすらしておらず、見たのは走る姿だけ。それだけでプロの世界を知る人物から〝良い選手〟と思ってもらえたのだ。

セレクションに参加し、藤井は正式に合格。あと決めねばならないのは、「ドラフト○位までの指名ならプロに行くが、それより下の順位なら合格内定をもらっている大学に進む」という〝順位縛り〟を何位にするかだった。

東北福祉大のセレクション後、OBの指導者で懇親会をするのが恒例だ。その席で、私の先輩でもあるヘッドコーチから、しきりに「藤井、大学進学にせえよ」と迫られた。

山路監督からは「本人の気持ち、チームの方針もあるので、プロ志望届は予定通り出してもらってかまわない」と許可をいただいているにもかかわらず、何度も何度も「進学に変えろ」と言われ、のらりくらりとかわしていたら、少しばかり口論になり、「お前、後輩なのに生意気やな！　先輩では誰が怖いんや。言ってみい！」とヘッドコーチ。私は迷わず、大学時代のコーチである、茨城の明秀学園日立を率いる金沢成奉監督だと思い、「成奉さんです」と答えた。すると、そのヘッドコーチは成奉さんに電話をかけた。読売ジャイアンツの坂本勇人ら多くのプロ選手を育成している成奉さんのことだ、プロ志望の際の駆け引きの難しさを身に染みてわかっていたのだろう。ヘッドコーチと私が火花を散らしているこの場を収めようと、あえて電話口でこうすごんでくれた。

「お前んとこのピッチャー、プロ志望届出すんやってなあ。ええんやけど、志望届と一緒に堤の〝死亡届〟も出るど。はっはっは！」

繰り返すが、私の立場を思っての、冗談を多分に含む一言だ。そう理解しながらもビビってしまった。恐縮していると、酔いが回った埼玉の花咲徳栄の指揮官・岩井隆監督が、こうアドバイスをしてくれた。

「いろいろ言われてるけど、4位ぐらいがいいんじゃないか。うん、4位だ、4位で切れ……」

後輩である私は「はい！」と頷く他なかった。

夏に大アピールをすることはできなかったが、藤井を一目見て「プロだ」と直感したコーチが在籍していた球団のスカウトを発信源に、他球団の中国地区担当スカウトたちにも「藤井が夏以降も成長しているようだ」との情報が伝わり、状況は好転していく。

夏に自己最速147キロを計測した時点から、伸びしろを評価してくれた球団がいくつかあり、獲得の意思があることを示す「調査書」を持って、グラウンドを訪れた。訪問したスカウトたちは、一様に予定の進路を尋ねてくる。私が「東北福祉大に合格をいただいていて、待ってもらいながら、プロ志望届を提出する予定です」と答えると、スカウトは「順位縛りはありますか？」と加えて尋ねる。ついにこの質問が来た。意を決して言う。

「4位までに指名がなければ、大学にお世話になります」

言ってしまった。藤井の受けている評価を考えると、もう少し下位での指名が濃厚だと感じていたので、お高くとまって大丈夫なのか……と不安になったが、プロ野球選手を育て上げてきている岩井監督の言葉が頭から離れなかった。

藤井は高校野球引退後も黙々と練習を続け、9月にはブルペンで150キロの大台を計測した。夏を終えた後のプラスアルファの成長もあり、ある球団のスカウトは「ドラフト当日の流れによっては、2位もあり得る」と言ってくれた。少し安心してドラフト会議当日を迎えるも、待てども指名がない。多く視察に足を運んでくれ、好感触を持っていたチームが他の選手の名前を読み上げる度に、私の焦りは加速する。気づくと、会議は我々が〝デッドライン〟に設定していた4位指名に突入していた。

「もうダメか……」

そう思った直後に、アナウンサーが聞き馴染みのある名前を読み上げる。

「第4巡選択希望選手……。藤井皓哉、投手、おかやま山陽高校……」

指名したのは、広島東洋カープ。実は、この指名は〝予想外〟だった。中国地方を担当するカープのスカウト部長の白武佳久さんが、あまりグラウンドに来ていなかったからだ。が、後々白武さんに尋ねると、驚きの答えが返ってきた。

「外野の奥の茂みから見とったんよ。藤井はよう練習するからええなと思ってねぇ」

悔しい夏の終わりにもぶれることなく、練習を続けてきた藤井の姿勢、性格を買ってもらったのだ。こうして、おかやま山陽では2人目、私の教え子では初めてのプロ野球選手が誕生した。まず宣言の一つである「10年以内にプロ野球選手輩出」が叶った。

藤井のプロ入りが地元に与えたインパクトは大きかったようで、「おかやま山陽からプロ？」というような声や、中学時代の選抜チームで3番手だった時代を知る人からは「あの選手を150キロ投手に育てられるのか」と驚かれたりした。

次第に「おかやま山陽に行くと球速が上がるらしい」という評判も生まれ、藤井が巣立った直後の15年4月に入学した選手の中には「自分も藤井さんのような本格派の投手になりたい」と、おかやま山陽の門をたたいた者も少なくなかった。

藤井の成長曲線を間近で見ていた14年当時の1年生、そしてその背中を追って飛びこんだ15年の新入生たちによって、また一つ、チームは前進していく。

甲子園へ

2016年。私がお世話になっていた方々が、相次いで亡くなった。年が明けてすぐに、高校野球に進む大きなきっかけをくださった前田祐吉さん、3月には私に監督就任を打診したおかやま山陽の原田三代治理事長、9月にはガーナに大量の野球道具を運んでくれた

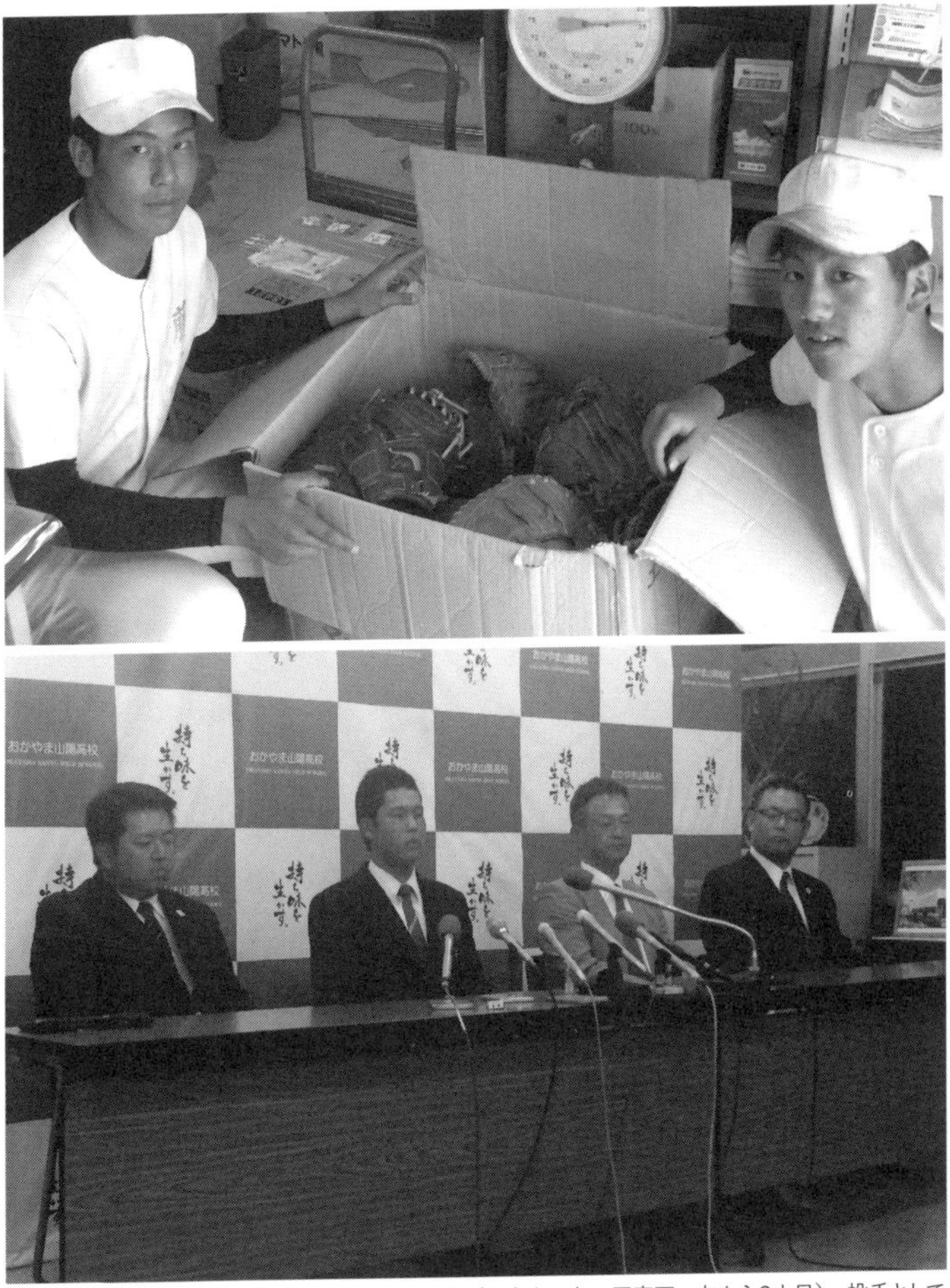

著者が育てた初のプロ野球選手となった藤井皓哉（写真上：左、写真下：左から2人目）。投手としてだけではなく、中古道具の発送など野球普及の意義についても3年間で学んだ

だけでなく、現地で打撃投手も買って出てくれたデサントの渡辺博敏さん。「なんで、こんなに重なってしまうのか……」と、深い悲しみに包まれた。

恩人たちがこの世を去って初めての公式戦だった、16年春の県大会。チームは快進撃を続ける。破竹の成長を続けた藤井を目の当たりにしてきたエース左腕の坂田宗也が奮投し、私の就任以降では初めての県大会優勝を果たした。大会中、ピンチの場面で、私はユニホームのズボンのベルトを通す部分に挟み込んだ、赤いネクタイピンを何度も触った。「力を貸してください」と念じながら。

理事長は亡くなられる直前、まるで自分の死期を悟っているかのように、着々と準備を進めていた。体調不良で入院している病院に、教職員を1人ずつ呼び、労いの言葉をかけ、それぞれに愛用品を譲る〝形見分け〟を行った。私には監督に就任し、紆余曲折ありながらも野球部を立ち直らせつつあることへの感謝を述べていただき、「堤さんと言えば、赤だから、これを」と、赤いネクタイピンを譲っていただいた。

私が就任するまで、おかやま山陽のユニホームは、白地に黒のアンダーシャツを組み合わせたデザインだった。赤を基調とするユニホームのジンバブエ、ガーナ、インドネシア（第7章で詳述）の各代表チームに携わったり、戦場であえて目立つ赤の甲冑を着ていた真田幸村の「真田の赤備え」のエピソードが好きで、赤を基調としたものに変更していた。

そのことから、理事長は「堤尚彦＝赤」と思っていたようだ。

赤のサンゴ礁を削って作られた一点もののネクタイピンは、とても美しかった。生前に甲子園出場を実現できなかったことに少しでも報いようと、16年春から公式戦では必ずこのネクタイピンを身に着けてベンチに入っている。

勝った瞬間は3人の顔が思い浮かび、思わず目が潤んだ。そして、選手たちの頑張りで優勝できたことで、3人から「堤、お前はもう、オレたちがいなくても自分の力で道を切り開いていけるから、大丈夫、頑張れよ」と言われているような気がした。


春制覇の勢いそのままに、夏の大会も勝ち上がって甲子園初出場を果たす——。そんな青写真を描いていたが、現実はそんなに甘くはなかった。

16年夏の大会は準決勝に進出したが、エースの坂田が軸足を亀裂骨折するなど、選手は疲労困憊《こんぱい》。そんな状況で対戦するのは、プロ注目の最速150キロ超の右腕・高田萌生《たかたほうせい》(現・楽天)を擁する創志学園だった。試合は1対7の完敗。甲子園の壁は依然として高かった。

敗れたとき、私の脳裏には、ある2人の言葉が思い浮かんだ。

1人は、当時広島の如水館を率いていた迫田穆成《よしあき》監督に、夏の大会直前の練習試合で指摘された言葉。前監督が練習試合を組んでいた縁から、迫田監督には毎年のように相手をしていただいていた。「下位打線に入っている相手投手に四球を出すようなら、すぐに継投した方がいい」「先攻の場合、リードしている試合でも、9回表の攻撃を3人で抑えられたら、その裏の相手の攻撃は必ずもつれる」など、野球の機微を把握された采配論には、多くの薫陶を受けた。

その年の夏直前の練習試合で、私を一目見た迫田監督は、苦笑しながら、こう言った。

「(甲子園に)届かないね〜」

私が理由を尋ねると、迫田監督が補足する。

「これじゃあ、夏まで選手の体力がもたないよ」

私の真っ黒に日焼けした肌を見てのコメントだ。監督がこれだけ日焼けしているということは、選手たちも炎天下で相当な練習量をこなしている。これでは長丁場で日程も過密になる夏の大会で息切れするという忠告だった。当時の私はこの忠告の意図に気づかず、「練習試合の内容も良いし、大丈夫では?」と信じて疑わなかったが、迫田監督の予言が的中する形となった。

もう一つは私の監督就任当初に岡山まで遠征に来てくれた、松阪の松葉健司監督から12年に聞いた言葉。この年の8月に練習試合をお願いしたいと思い、4月の時点で連絡したときのことだ。

練習試合を依頼すると、松葉監督は聞き慣れない言葉を使って断ってきた。
「ごめん！　今年は甲子園に呼ばれているから8月は無理だな」
甲子園に呼ばれている？　最初は意味がわからず、再度尋ねると、「とにかく今年は呼ばれてるんだよ」との回答。半信半疑だったが、本当に松阪は夏の甲子園に出場した（初戦で対戦したのが、岡山代表の倉敷商というのも縁を感じたものだ）。

負けて振り返ってみると、悔しいが私は〝呼ばれて〟いなかった。春に優勝したとはいえ、前年秋の直接対決で敗れ、センバツにも出場していた創志学園と対戦したわけではない。組み合わせに恵まれての優勝という意識は少なからずあった。

2人の言葉を反すうしながら、私は新チームを始動させた。

ドラフト指名された藤井皓哉に憧れて入学した世代が最高学年となった16年秋。地区予選を突破して県大会に駒を進めたものの、初戦となった2回戦で岡山城東にサヨナラ負け。試合後、主将の川田友に、「悔しいな。監督のオレの力不足で申し訳ない」と言葉をかけ、ともに号泣。どうすればいいかと自問自答した。

そして、自分なりに導きだした答えが、「上手くなるより、〝強くなる〟練習を増やす」ことだった。

おかやま山陽には、体の使い方を磨くために取り組む倒立などのマット運動、瞬時の判断力、先を読んで逆算する力を養う目的での将棋など、多種多様な雨天時の練習メニューが存在する。そのため、日中から雨が降っていると、選手たちは授業中に「今日は雨天のメニューだな」と決めつけるようになっていた。そこをあえて裏切って、雨の中でノックを敢行したり、膨大な本数のインターバル走に取り組んだり……など、選手が思ってもいないようなメニューを提示する、選手の予想を裏切る練習を敢行した。私も含め、人間は弱く、そして愚かな生き物だ。どうしても自分に都合良く、楽になるように考えてしまうものである。だから、とにかく選手たちの〝楽観的な予想〟を裏切り続けようとした。そして練習でも、試合でも安易に褒めずに、上を、先を見させ続けた。

正直、〝野球を上手くする〟だけなら、雨中のノックも、とてつもない長距離走も、大した意味はなさないだろう。でも、こういったことをやり通せば、そして予想していなかったきつい、嫌なメニューにも立ち向かえれば、必ず心が〝強くなる〟。自分に克《か》てるようになる。甲子園に行くために必要なのは、これだと思った。監督の私も同じように自分に克とうと、前日に深酒したとしても必ず5時55分に起床し（6時ではないのは、「ゴー、ゴー、ゴー！」と気合を入れる意味から）、公式戦期間中は水のシャワーを浴びるようにした。

藤井の育成過程で自信を深めた投手育成メソッドで、投手陣も成長。秋からコンスタントに伸びていたのが、小松章浩（現・大阪ガス）だった。小松は藤井の直球を見て、「自分も速い球が投げたい」とおかやま山陽に来た選手。２年の冬を越すと、球速が１４０キロを超えるようになった。

小松以外にももう１人、投手が台頭していた。これが、結果的に夏の救世主となる大江海成だった。大江は３年生の５月までは最速１２０キロ台の、本当に目立たない右のサイドスローだったが、夏直前の約２カ月で球速を15キロ近くアップさせた。夏を前に、右の二枚看板が完成しようとしていた。

17年の春も前年秋に続いての16強止まり。〝岡山県内最速〟の名をほしいままにしていた長身右腕の斎藤寛太を擁する玉野光南に敗れた。秋春ともに16強で、春優勝だった前年よりも下馬評は高くない。それなのに、不思議と私は「絶対に勝てる」というポジティブな感情しか抱かなかった。

この年の3年生たちが入学した15年の春、私の盟友である野球隊員時代のパートナー、モーリス・バンダが、ジンバブエから来日した。突然の訪問に驚いていると、モーリスはさらに驚きの提案を持ちかけた。

「19年からスタートする東京五輪の南アフリカ予選で、ジンバブエ代表チームの監督をしてほしい」

最初は冗談かと思った。だが、モーリスは本気も本気。ジンバブエ野球協会の会長を務めており、モーリスの打診は事実上の公式要請を意味していた。他ならぬ親友・モーリスからの相談だ。私は快諾し、この時点でジンバブエ代表監督に内定した。

そして、その様子を見ていた1年生たちに、こう投げかけた。

「県大会の途中で負ける監督と甲子園出場監督のどっちが、ジンバブエ代表監督をしたらおもしろいと思う?」

選手たちは即答した。

「甲子園出場監督です!」

私が続ける。

「だよな! じゃあ、連れてってくれよ!」

こう約束を交わした学年のラストチャンスの夏。ただの偶然だと言う人もいるかもしれないが、松阪の松葉監督の言葉を借りると、「偶然は運命」だ。モーリスが来日するというサプライズに立ち会った学年である彼らに、不思議な期待を抱いていた。

次に、この世代からメディアの取材が急増したこと。エースの小松が高校野球の専門誌に特集されるなど、有名なウェブサイトにも中古野球道具を発送する活動や私の経歴が紹介された。やってきた活動が少しずつ広まり、機が熟しつつある感覚があった。

最後に、前年と同じく如水館と練習試合をすると、笑顔で迫田監督から握手を求められた。

「おめでとう！　決まりです。監督は日焼けしすぎていないし、選手もバットが振れているし、いいですね～」

慧眼《けいがん》の名将からの太鼓判で自信が深まり、「ああ、これが〝呼ばれる〟なのか」と思えた。

夏の大会が始まっても、不思議と負ける気がしなかった。3回戦では春に敗れた玉野光南に雪辱。相手のエース、斎藤に12安打を見舞って7回途中でノックアウト、7対0の7回コールド勝ちで、勢いが増した。

2年連続で4強に勝ち進むと、興譲館を4対1で下し、念願の夏の決勝に進出。決勝で顔を合わせるのは、前年の準決勝で敗れている因縁の相手、創志学園だった。

創志学園は、2年連続で春のセンバツに出場。投げてはエース、打っては中軸を担う難波侑平（元・日本ハム）が中心のチームだった。

試合は序盤から創志学園のペース。8回表の相手の攻撃が終わった時点で1対6。「甲子園に呼ばれている」と終始落ち着いて采配できていた私も、さすがにまずいと焦りかけたが、主将の川田が選手たちを鼓舞しながらも落ち着かせる様子を見て、如水館の迫田監督の言葉を思い出した。実は、「おめでとう！　決まりです」との言葉に加え、「監督が余計なことをしなければ、甲子園です」とも言われていたのだ。川田がこれだけどっしりと構えてくれているのだ。監督の自分がジタバタするのは得策ではないと感じ、選手たちの会話に耳を傾けた。

すると、8回裏に打線がつながり一挙6点を挙げて逆転。9回表には2点を許して再逆転されるも、その裏に同点に追い付き、延長に持ち込んだ。延長10回を終えた時点で、突発的な激しい雨が降り、夏の岡山大会では初めてとなる決勝ノーゲーム。翌日に再試合となった。

終盤、勢いは間違いなくおかやま山陽が上回っていた。文字通り雨に〝水を差された〟形だが、不思議と嫌な感じはしなかったし、〝呼ばれている〟感覚も続いていた。実は走者を三塁に進めた9回に、相手投手が〝ボーク〟と思われる動作を取っていたが、「打て！」と前のめりになっていた私はそれを見落としていた。試合後に周囲から「ボークを指摘していたらサヨナラで甲子園だったのに……」と言われ、ウェブの匿名掲示板でも「ヘボ監督。消えろ」などと書かれていたようだが、「しまった！」と悔いたりはしなかった。あのまま試合が進んでいても、再試合になったとしても、選手たちが打って勝ってくれると、心の底から信じていたからだ。

翌日に向けた追加のミーティングなどもしなかったし、試合後にグラウンドに戻って必要以上に練習したりもしなかった。それこそが迫田監督の言う〝余計なこと〟だと思ったからだ。さらに、決勝を応援しようと、千歳時代の同級生である菰田浩が岡山に駆け付けてくれていたので、菰田を「飲みに行こう」と誘った。菰田は「大事な試合が明日もあるんだから、今度でいいよ」と遠慮していたが、私が「普通の日でも、大事な日の前日でも飯は食うんだから。行くぞ」と押し切り、昔話を肴に楽しい時間を過ごした。

再試合でも、前日の終盤に目覚めた打線は好調だった。初回に4点を奪うと、先発した大江が8回まで無安打無得点を続ける一世一代の投球。連戦となった疲れから、終盤は全身がつり、9回のマウンドは2年生の有本雄大（現・ヤマハ）に譲ったものの、有本が2失点にまとめた。最終的なスコアは9対2。最後の打球を左翼手の井元将也がガッチリと捕球し、創部初の甲子園出場を決めた。

場内での優勝インタビューで「選手にかけたい言葉」を聞かれ、「ずっと褒めずにやってきて、褒めてやりたいこともたくさんあって……」と話しているときに、思わず感極まる。〝強くなる〟練習をやり切った姿がフラッシュバックし、創部初の甲子園出場を勝ち取った教え子たちが誇らしくて仕方がなかった。

甲子園が決まってからの、あるOBとのやり取りも感慨深い。優勝翌日、岡山市内でスポーツ用品店「スポーツ岡山」を経営する金田健治さんが、新品の金属バットを2本持って、グラウンドを訪ねて来てくれた。金田さんが口を開く。

「監督、これ小田上から」

この「小田上」こと小田上馨《けい》は、植松たちの1学年下のOB。金田さんが代表を務める岡山シニアの出身。岡山シニアは、現在はおかやま山陽でコーチを務める本池義人さんが率いていた倉敷ビガーズヤングとともに、実績のない私に選手を送ってくれたチームだ。小田上は西郷隆盛を思わせる顔立ちだったため、私と斎藤は「ゴワス」と呼んでいた。小泉部長から「選手をあだ名で呼ぶのはやめよう」との提案があって以降は封印したが、「ゴワス」の響きを聞くと、指導初期を思い出す。

植松世代が壮絶な乱打戦の末に倉敷工に競り勝った翌年の09年にも、夏の初戦で倉敷工と対戦している。代打の切り札だった小田上が、9回のチャンスに三塁線ギリギリの快打を放つも、塁審の判定はファウル。結局打ち取られ、4対5で雪辱を許した。

試合後、三塁ベースコーチの選手が「絶対フェアでした！　フェアゾーンにボールの跡もありました」と泣きはらし、ある新聞記者からは「フェアでしたよ」と、打球がフェアゾーンで跳ねている写真とともに手紙をいただいた。そんな〝幻〟のサヨナラ打を放ったのが、ゴワスこと小田上だった。

小田上はおかやま山陽を卒業後、部活動の遠征や旅行客向けの団体バスを運営する会社に、営業として就職した。夏は甲子園に出場する学校に、甲子園に向かう遠征バスを営業するのが大きな仕事になる。試合後にすぐ営業をかけなければならない小田上は、上司とともに決勝の日もマスカットスタジアムに足を運んでいた。おかやま山陽OBながら、両校に営業する可能性があることから、小田上は中立の立場でいようと、上司に「真ん中（バックネット裏）で見ましょう」と提案するも、上司は拒否。こう言い放ったという。

「勝つのは創志やろ。三塁側行くぞ」

決勝、再試合ともに、上司と小田上は創志学園が陣取る三塁側に座ったが、決勝再試合の初回に我々が大量得点すると上司は手の平を返し、「お前OBだよな。監督に営業して来いよ」と指示を出した。小田上は毅然と、そして、こう返答したという。

「勝つのは創志学園、だから創志学園を応援するって仰ったじゃないですか。僕はお世話になった堤監督を裏切るようなことはできません」

母校を応援する気持ちは絶やさなかったとはいえ、相手側の応援席に座ってしまった以上、自分に直接監督を訪ねる資格はない。だから、営業にも来ないし、お祝いの品であるバットも金田さんにことづけたというのだ。

私はそれを聞いて、すぐに小田上に電話した。電話口で詫びる小田上に対し、「何言ってんだ。気にせず営業に来いよ！　あほ！」と悪態をついたが、疑惑のファウル判定にも一切不平不満の態度を見せなかった高校時代と変わらない真っすぐな生き様がうれしかった。

私の大切にしている言葉の一つに「義に死すとも不義に生きず」がある。幕末に活躍した藩主・松平容保で有名な会津藩の家訓として伝わる言葉で、私自身もこう生きたいと常々思っている。選手としての華やかな実績もなければ、指導者としても駆け出しの私に選手を預けてくれた金田さん、本池さんの２人を絶対に裏切らないと決めているのも、この精神からだ。

今の時代、バットを買うにしてもネット通販の方が安かったりもする。それでも律儀に中学時代にお世話になった金田さんを通して購入し、「後輩たちに使ってほしい」と届けてくれた小田上の姿勢は、正に「義に死すとも不義に生きず」。教え子が同じ姿勢で生き続けてくれているのはたまらなくうれしかったし、現在の選手たちにもこんな生き方をしてほしいと思っている。

甲子園が決まってからは、お世話になっている方、懐かしい人々から返信し切れないほどの連絡をいただいた。甲子園に出発する直前の出発式には、地元の浅口市民の方々もたくさん駆け付けてくれた。私が赴任するきっかけをくださった、先代の理事長の願いだった「地域から愛される野球部」に少しは近づけたのかなと思うと、また目が潤んだ。

そして、甲子園に到着。出場各校に割り当てられる甲子園練習で、人生で初めて甲子園に足を踏み入れた。

「なんか、意外と狭いな……」

ここで私がもう1回涙ぐむという感動の展開を予想されていた読者がいたら、大変申し訳ない。「猛烈に感動した」と記そうと思ったが、事実と異なることを書くのも忍びなく思い、ありのまま書かせていただく。プロ野球の試合も開催されるマスカットスタジアムで試合をさせてもらっているからか、甲子園球場は思ったよりも小さく感じられたし、とてつもない感慨が押し寄せてくることもなかった。「オレって冷めてるのかなあ……」と不安を感じる一方で、安心している自分もいた。前述の通り、私は高校球児時代から甲子園を目指していたわけではなかった。「世界に野球を広める」という夢の実現のための手段として甲子園出場の必要性を感じ、目標として掲げたが、そこで〝目的と手段〟がすり替わっていないのだと実感できたからだ。

ただ、夢だった甲子園に立ち、とびきりの笑顔を見せる選手。ノックを打ちながら、思わず涙ぐむ小泉部長。彼らの姿を見ていると、甲子園は素晴らしい場所であり、目指さなければならない場所だと再確認させられた。余談だが、肝心の甲子園練習は、自分たちの2チーム前に練習していた広陵のシート打撃が鮮烈で、「オレたちも同じようにやるぞ！」と急きょ予定していた内容を変更して実施。選手は緊張から力みまくってファウルチップを連発。ただ自信を失う時間になってしまった。

初戦は福島代表の聖光学院との対戦。岡山大会で好調だった打線は抑え込まれ、大江、小松の二枚看板は岡山大会の激闘の疲れからか失点を重ね、0対6で完封負け。監督の自分が何も選手を後押ししてやれなかった。

試合内容には悔いが残るが、短い滞在期間でも甲子園の持つ〝影響力〟の大きさをひしひしと感じた。

甲子園入りしてから、富山県高野連の横越建之さんから差し入れが届いたり、出場決定直後から引き続き、しばらく連絡を取っていなかった知人たちから大量の連絡が来た。試合当日はアルプススタンドに多くの卒業生たちが駆け付け、同窓生たちと旧交を温めていた。その様子を見た、理事長のご子息である現・原田一成理事長はいたく感動されたようだ。また、甲子園出場時に紹介された中古野球道具発送の活動を知り、学校宛てに野球道具を送ってくださった方もいた。関わる人たちの人生の縦軸と、地理的な横軸がダイナミックに交差する感覚は、今までに味わったことのないものだった。

甲子園は、多くの人々をつなぎ合わせ、幸せにする〝特別な場所〟であり、来なければならない場所だと改めて思わされた。


甲子園から戻ってすぐの秋の岡山大会は準決勝で敗れたものの、3位決定戦を突破して中国大会に出場。さらに中国大会で優勝を飾り、明治神宮大会、翌18年のセンバツに出場することができた。

2季連続出場となった甲子園は、初戦となった2回戦で京都の乙訓《おとくに》と当たった。前回の反省を踏まえながら、調整、試合の入りを入念に準備。その成果もあり、夏の甲子園を2年生レギュラーとして経験していた井元将也の本塁打などで序盤は主導権を握ったが、投手陣が踏ん張れず2対7で悔しい逆転負けを喫した。が、間隔を空けずに甲子園を経験できたことで、「こうすれば試合になる、勝てるのではないか」「甲子園に行くために必要なチームとしてのレベル」をイメージできるようになった。反省を生かして次こそは勝ちたいと思っている。

早いもので、最後の甲子園出場から5年の月日が経った。甲子園出場のきっかけの一つをいただいた松阪の松葉監督からは、センバツ出場の翌年である19年の冬に「甲子園に出てから堤さん、少しゆるんでないですか？」と手厳しい言葉をかけられた。

非常に耳の痛い話で、今までの私の原動力となっていた〝反骨心〟が、たしかに薄れていたように思う。おかやま山陽にとって、2023年は創立100周年のメモリアル・イヤー。多くのOB、卒業生が再びの甲子園出場を心待ちにしてくれている今、春の大会の準決勝で岡山学芸館に敗れた悔しさも「なにくそ！」の心で力に変え、必ず甲子園に行きたいと思う。

著者は不祥事の影響でボロボロになったおかやま山陽の野球部を甲子園出場校に育てた

第6章

コロナ禍と高校野球ビジネス論

66カ条の部訓

おかやま山陽野球部には、66カ条からなる部訓がある。公式戦はおろか練習試合でもなかなか勝てず、やんちゃな選手の問題行動も収まらなかった時代に、「どうやったら自分の思いが選手に伝わるか」と考えた際、体系だってまとまった野球部の指針のようなものがあれば便利だと思い、作成を始めたものだ。

そもそもの起源は、私の高校時代にまでさかのぼる。高校3年生だったとき、同級生の菰田浩から「これ知ってる？　おもしろいから読んでみて」と手渡された本の中に書いてあった「パタゴニアの100カ条」が、多大な影響を及ぼしている。

パタゴニアは、アメリカに本社を置き、登山用品、アウトドア用品などを主力商品とするメーカーだ。その社訓にあたるのが、パタゴニアの100カ条である。

「過ぎ去りし時代の栄光、成功をひきずらない（第2条）」

「人と人との出会いからすべてが始まり、そこに未来が開かれていった（第51条）」

このように社訓というよりも、「企業としてこうありたい」「こういった思いを共有した集団でありたい」というフィロソフィー（哲学）と呼ぶべきものであり、社員を縛り付けるのではなく、進むべき道を示している。10代後半の青二才だった私は衝撃を受け、「将来自分が会社を持つようなことがあれば、同じようなものを作りたい」と感銘を受けたものだ。結果的に企業のトップになることはなかったが、想像もしていなかった高校野球の指導者となり、自分のチームを持つようになったため、部内規則ではなく、〝部訓〟として定めることにした。

最初は17カ条しかなかったが、各界の至言などを加えていった結果、どんどん数が増えていった。このままでは際限がなくなると感じ、現在は私の世田谷リトル時代の背番号に合わせ、「66」で打ち止めとしている。

数が増えることはないが、〝リニューアル〟と称して、私が「これはいい！」と感じたものを取り入れるために、内容を入れ替えることも少なくない。第36条に「ありがとうと言える人にもなりたいが、〝ありがとう〟と言われる人にはもっとなりたい」というものがある。これは野球部ではない生徒が、私が担当している社会科のテストの問題用紙に落書きしていた言葉だ。そのテストは、答案用紙だけでなく、問題用紙も回収するタイプで、回収されると思っていなかった生徒が何気なく書いていた言葉なのだが、私はいたく感銘を受けて、部訓入りをさせたのだ。私が思いついた言葉、偉人たちの名言もあれば、高校生の何気ない落書きにヒントを得たものもある。そんな雑多な部訓の第14条にこんな言葉がある。

「甲子園を愛しているのではなく、野球を愛している」

本書の第1章で記したように、私は中学で野球をやっていたわけでもなく、高校でも現実的な目標として甲子園出場を目指していたわけでもない。それなのになぜ今に至るまで野球に携わっているのか。それは「野球が好きだから。野球を愛しているから」に他ならない。結果的に「世界に野球を広める」という目的のため、そしておかやま山陽野球部の取り組みを知ってもらうためには、多くの人々の関心が集まる甲子園大会に出場することが必要だと気づいて以降は、甲子園出場を大きな目標に掲げているわけだが、甲子園出場はあくまでも〝手段〟。私にとって、おかやま山陽野球部にとっての最大の目的は世界に野球を広めることであり、甲子園出場は野球の普及を促進させるなど、我々の活動を周知するための一手段に過ぎないわけだ。

だが、全国に数多くある野球部や高校球児を見ると、この「目的と手段」がすり替わっているように感じることが少なくない。「甲子園に行くこと」が、高校野球における最大の目的になってしまっているように見えるのだ。

私自身、監督として2度甲子園を経験したことで、学校関係者だけでなく、地域の人々が我がことのように喜んでくれるなど、甲子園が与える感動の大きさ、大観衆の中でプレーする選手たちの輝きなど、甲子園の持つ〝魔力〟を目の当たりにしてきた。そうなってしまうのも仕方がないのかな……という思いを感じていた最中、この「高校野球＝甲子園」の図式が崩れ去る事態に直面し、「甲子園を愛しているのではなく、野球を愛している」という言葉の意味を今一度深く考えることになる。それは人類未曾有の経験である新型コロナウイルスが世界中で広まった２０２０年のことだ。

20年4月。私は鬱屈《うっくつ》としていた。19年末に中国の武漢で初めて発見された新型コロナウイルスが、年が明けた20年から世界的に大流行。日本でも感染は広がり、影響は高校野球界にも及んだ。出場32校が決定し、開幕を待つばかりだった「春のセンバツ」こと、第92回選抜高等学校野球大会は開催中止に追い込まれた。一時は無観客での開催を検討しながらも、無念の中止となり、甲子園への切符を手にしていた選手、指導者の心中を慮《おもんぱか》ると、胸が張り裂ける思いだった。

全国大会だけでなく、岡山県を含む地方大会にも新型コロナが影を落とす。春の県大会、そしてこの年は岡山で開催が予定されていた中国大会もそろって中止に。さらに大都市圏で発出されていた、外出の自粛などを呼び掛ける緊急事態宣言の対象地域に岡山県が含まれたことで、グラウンドでの練習すらもできなくなった。

おかやま山陽のグラウンドには、数本の桜の木がある。毎年3月下旬から4月上旬にかけて満開となり、〝花見〟と称して、桜の木の下で選手たちと昼食の弁当を広げるのが恒例だ。選手たちは、冬の寒さを乗り越えてつぼみから開花した桜の木と同様に、冬場の鍛錬で培った力を解放しようと思っていたはずだ。披露の場が失われた彼らの胸中はいかばかりか……。咲き乱れる桜と相反するように、グラウンドには監督の自分以外誰もいない。途方もない無力感にうなだれるしかなかった。

この時点では、まだ少しばかり希望もあった。春のセンバツは中止となったものの、全国での感染状況が好転すれば、夏の甲子園は開催されるかもしれない。日本高野連などの関係各所も、開催を前向きに検討していると報じられていた。

おかやま山陽は、前年秋の岡山大会で3位に食い込んでいた。中国大会では初戦敗退に終わっていたが、プロ野球のスカウトからも注目されていた右のスラッガー・漁府輝羽《ぎょふこうは》（現・東北福祉大）ら野手を中心に戦力が整い、18年に出場した春のセンバツ以来の甲子園出場を意識できるチームだった。

秋の悔しさを乗り越えて、必ず夏の甲子園へ行く――。選手たち、そして監督の私もこの目標に向かって燃えていた。チーム全体での練習ができない間も、選手たちは個人個人で自主トレーニングに励み、私も「練習再開時に選手たちを驚かせよう」と、スタッフ全員で破れかかっていたグラウンドの防球ネットを修繕したり、打撃ケージを増設したりするなど、練習環境の整備に注力した。「甲子園を目指せる日々は必ず戻ってくる」。こう信じ、毎日を過ごしていた。だが、そのわずかな希望は、翌月に打ち砕かれることになる。

岡山県内に発出されていた緊急事態宣言が、5月14日に前倒しで解除された。密集を避けるため、学年ごとに分けて行う形式ではあったが、グラウンドでの練習も再開。少しずつ戻る日常に心が晴れつつあった5月20日。この年の「夏の甲子園」、第102回全国高等学校野球選手権大会の中止が決定し、正式に発表された。

春に続いての全国大会中止の報に選手がどう思っているのかが気がかりなのと同時に、夏の甲子園中止の一報に添えられていた文言が引っかかった。

「大会の代表校を決定する、各都道府県大会も合わせて中止とする」

千歳で白球を追った自分の高校時代を振り返ると、夏の都大会が何よりも楽しみだったことを思い出す。甲子園は夢のまた夢だったし、決して注目されるようなチームでもなかった。それでも、前年の成績を超えられるんじゃないか、少しは周囲をあっと言わせられるのではないか……。自分が公式戦で活躍する姿を夢想しながら、大会が開幕するのを指折り数えている高校球児の1人が、他でもない私だった。高校3年の夏は初戦敗退で幕を閉じるのだが、〝最後の夏〟に全力をぶつけられたからこそ、高校野球を悔いなく終われたのは紛れもない事実だ。

前年秋の大会で3位という結果を残していたおかやま山陽の選手たちは、甲子園に手が届きそうな位置にいて、言ってみれば甲子園に片手ぐらいはかけていたような状態だったから、夏の甲子園が奪われるのは当然悔しい。だが、多くの高校球児の集大成の場である夏の都道府県大会すらも消滅してしまっては、かつての私のように一つでも上に勝ち上がりたい、目の前の試合で持てる力を出し切りたいと思っている他校の選手たちも浮かばれないと危惧していた。全国のすべての高校球児たちがやり切ったと思える大会、言うなれば「彼らの高校野球を死なせてあげる場所」がないのは、あまりにも無情だと感じた。部訓の第14条「甲子園を愛しているのではなく、野球を愛している」と、この「高校野球の死に場所」という言葉に注目したウェブ記事が、夏の甲子園の中止発表の前日に発信されたこともあり、中止決定後、テレビ局や新聞社などが私にコメントを求めてきた。あるテレビ局のオンライン取材に対しては、「甲子園がなくなっても、高校球児たちのために夏の都道府県大会は開催してほしい！」と熱弁した。1時間ほど熱く語ったが、オンエアで使われたのは約1分。ビジネスマン時代、テレビ制作の仕事をしていたので〝あるある〟なのは重々承知だが、少し肩透かしを食らった気がした。

幸い、各都道府県高野連が独自に夏の大会を主催することは認められていたため、優勝の先に甲子園はないものの、夏の選手権大会の〝代替大会〟という形式で、各地方での開催が決定していった。

岡山県でも当時の県高野連会長だった多田一也氏が、代替大会の開催に尽力してくれた。県内の全監督を招集し、「高校3年生たちが高校野球を完全燃焼できる場を作りたい。知恵を貸してくれないか」と、多田会長自ら頭を下げた真摯な姿は、今でも鮮明に覚えている。

多くの都道府県では、一般観客が入場できない〝無観客試合〟で大会が進められた。選手の家族が入場できるかは地域によって判断が分かれたが、当初、岡山県では選手の家族も球場で観戦することができない、完全無観客で行われる方針だった。岡山県高野連ではなく、岡山県教育委員会の方針によるものだったが、一番近くで選手を応援していた家族が最後の晴れ姿を見られないのは不憫と言う他ない。そこで、監督たちで知恵を出し合い、「もし熱中症などのプレー中の事故で救急搬送が必要になった場合、球場に保護者がいないと搬送の承諾を得るのに時間がかかるのではないか」と主張し、家族、親戚の入場許可を取り付けた。優勝した先に甲子園はない。風物詩であるブラスバンドの応援や観客からの大声援もない。それでも、高校球児たちの2年半にわたる高校野球生活の集大成を披露する場が、なんとか確保された。

「甲子園なき夏」を戦う3年生たちは、私が監督に就任して以降では最多の41人が入部した世代だった。彼らが中学3年生だった17年の夏に甲子園初出場。入学直前の18年の春にはセンバツ出場。その姿に憧れ、「世界に野球を広める」ための活動をしている野球部であることを知り、共感した上で「おかやま山陽で野球をやりたい。ここで甲子園に行きたい」と門をたたいてくれた41人だった。

この代の主将を任せていたのが、外野手の藤井颯太だった。5月20日の夏の甲子園中止の発表当日、学年ごとに分かれて練習していた関係で、この日は1年生しかグラウンドにいなかった。多くの3年生は、監督である私の口から中止を伝えられるのではなく、ネットのニュース速報などで中止を知ったのだが、1年生の教育係としてグラウンドに来ていた藤井には、直接中止の報を伝えた。

「藤井、夏の甲子園の中止が決まったわ……」

「はい。でもやるべきことを続けます」

目指し続けていた甲子園出場に挑戦することすらできない。不貞腐れ、自暴自棄になってもおかしくない状況の中、藤井は凛とした表情を崩さず、真っすぐに私の目を見ていた。そのとき、なぜ藤井に主将を任せたのかを思い出した。凡打して一塁に走るとき、投げやりな気持ちが走り方に現れる選手が少なくない。だが、藤井はそんな邪心が一切感じられない颯爽とした姿勢で一塁へと駆け続けた。その背中に惚れ込み、主将という要職を任せたのだ。18年間の人生の中で一番と言っていいだろう逆境にも屈しない藤井の姿を見ていると、思わず涙が出そうになった。


学校の休校期間中は、提出する野球ノートを、学校で使用している連絡アプリを用いたオンライン形式で提出させていた。そこに記された、選手たちの思いもまた、私にとってうれしいものだった。

「今日は約1カ月ぶりのグラウンドでの練習だった。すごく楽しかった。やっぱり大人数でやった方がおもしろい。今日は3年生だけだったけど2年生や1年生が加わったらもっと楽しいと思った。心から野球が楽しめた」

「こんなにチームで野球ができない生活を送ると考えたことがなかった。すごく野球がしたい。やっぱり甲子園を愛するのではなく野球を愛している。1日でも早く野球がしたい。

1分でも1秒でも早く」

「昨日、甲子園が中止になるかもしれないというニュースを見た。今の状況だから仕方がないと思う。だけど今自分は仲間と楽しく厳しく野球ができればそれでいいと思っている。野球を愛す」

選手たちが思い思いに解釈し、野球ノートに記した「甲子園を愛しているのではなく、野球を愛している」という言葉。甲子園が存在しない夏だからこそ、心の底から、この言葉を噛《か》みしめることができた。そして、監督である私が掲げてきた部訓、チームとしての哲学が浸透していると気づけた。特別な夏だからこそ優勝したい。優勝できる、優勝するにふさわしいチームでありたい。私も選手もその思いを強くし、〝最後〟の大会が始まった。

自分たちのグラウンドが甲子園

初戦となった2回戦は、主砲・漁府のバックスクリーンに本塁打をたたき込む活躍もあり、倉敷天城に5対3で勝利。秋以降アピールの場に飢えていたプロ志望の漁府の意地を感じる一打だった。

続く3回戦も美作に9対2で勝利。試合のあった7月26日は私の誕生日で、長年、監督を務めてきたが、誕生日と公式戦が重なるのは初めてのこと。不思議な巡り合わせと選手たちの頑張りに感謝、感激だった。

準々決勝を突破すると、準決勝で秋の王者・創志学園と激突。コロナの影響がなければ、夏の甲子園の開幕前日になっていたはずの8月9日、倉敷市にあるマスカットスタジアムに到着すると、鳴き切ってその生涯を終えたセミの死がいが目に入った。セミは約6年間を土の中で過ごし、その後夏の2週間鳴き続ける。中学で3年、高校で3年、合わせて6年間、長年培ったものを夏の2週間にぶつける高校球児の姿は、どこかセミを彷彿させる。決戦を前に、そのセミの死がいを目にしたことで不吉な予感を覚えたのだが、悲しくもそれが的中。創志学園に3対5の逆転負けを喫し、いつもより長く、そして特別な夏が終わりを告げた。

選手たちが野球ノートに記してくれた「甲子園を愛しているのではなく、野球を愛している」以外にも、その真意に気づけた言葉があった。それが、私に都立高で高校野球をやろうと決心させてくれた、当時、東大和の監督だった佐藤道輔先生が語っていた「自分たちが毎日練習しているグラウンドが甲子園なんだ」という言葉だった。

ずっと「自分たちのグラウンドを甲子園に見立てて、大切に扱いなさい」という意味合いだと思っていたが、自分の解釈が間違っていると気づかされた。高校野球に打ち込んだ

3年間を思い返したとき、たとえ甲子園に出場した選手であっても、甲子園でプレーをした光景が真っ先に思い浮かぶ選手は少ないように思う。振り返ってまず思い出されるのは、来る日も来る日も練習をしてきた自分たちのグラウンドであり、そこで過ごした仲間たちとの日々だろう。

コロナ禍で所属している大学が活動自粛になっていた事情もあり、20年の夏は数多くのOBたちが後輩の練習の手伝いに駆け付けてくれた。当時、東北福祉大でプレーしていた17年夏の甲子園出場時のエース・小松章浩、18年春の背番号1だった有本雄大らは、後輩たちのシート打撃で登板し、刺激を与えてくれた。甲子園を経験した彼らにとっても、3年間汗を流し、高校野球生活の酸いも甘いも詰まっているグラウンドは特別な場所で、何かがあったときに帰ってくる、野球人生における〝聖地〟なのだ。「自分たちのグラウンドが甲子園」。このように心の底から思えるほど、自分たちのグラウンドで全力を出し、かけがえのない場所にしなければならないという真の意味が理解できた。

〝人生100年時代〟と言われる今日。それに基づくと、10代後半の高校球児たちは、まだ人生が始まったばかり。野球の試合に例えれば、1回裏が終わったあたりだ。野球は試合中盤、そして終盤に山場が来るからおもしろい。それと同じく、彼らもここからの人生をゲームセットまで全力で駆け抜けてほしい。

甲子園のない夏から3年が経とうとしている。この夏と高校野球の最後が重なった彼らが今、どう思っているのか、何を学んだかを折を見て尋ねてみたいと思っている。

高校野球にもビジネスを

コロナ禍での最初の公式戦となった2020年の夏に、もう一つ浮き彫りになったことがある。それが、「高校野球界の財源」に関する問題だ。

新聞社とともに春、夏の甲子園大会を主催する日本高野連、各都道府県大会を切り盛りする地方高野連の収入の大部分は、公式戦に来場した観客から得る「入場料」によるものだ。

20年の夏以降も、多くの地方高野連では一般観客が入場できない無観客試合での開催が続き、この財源が断たれた。〝総本山〟である日本高野連も、甲子園大会が再開された21年春は入場者数の上限を設けながらも一般観客を入場させたが、新型コロナウイルスのデルタ株が猛威を振るった同年の夏は無観客での開催を余儀なくされた。公表されている収支決算を確認すると、コロナ禍以前の最後の大会である19年夏の甲子園では、2億141 9万4 5 9円の剰余金（利益）を出しているが、無観客の21年夏は2億6 8 1 5万1 3 4

9円の欠損金（赤字）を計上している。赤字を埋めようと、多くの地方高野連が寄付金を募るなど、「クラウドファンディング」で資金調達を試みた。日本高野連も21年夏の開幕前に目標を1億円に設定したクラウドファンディングを実施したが、集まったのは約1400万円弱。達成率14パーセント止まりという苦戦を強いられた。

幸い、コロナ禍は徐々に落ち着きを見せ、22年の春以降の甲子園大会では有観客での開催が続いている。だが、積み重なった赤字の補てん、物価上昇による諸経費の増加などもあり、入場料の値上げが行われるなど、状況が苦しいことに変わりはない。さらに入場料の値上げは野球に興味を持った若年層が観戦を控える事態にもなりかねず、入場料収入に依存している高野連の現状は野球普及の観点から見ても健全ではないだろう。

そこで、大きな切り札になり得るのが、春夏の甲子園大会の〝放映権料〟だと、私は思っている。

現在、NHKで春夏、春は毎日放送、夏は朝日放送と、NHKと民放の2局で甲子園大会の全試合を中継しているが、放映権料はいずれも0円。「野球離れが加速している」と言われながらも、春夏連覇を狙う大阪桐蔭と秋田代表の金足農が戦った18年夏の決勝戦は、NHKの全国視聴率が20・3パーセント（ビデオリサーチ調べ、以下同）。宮城の仙台育英が東北勢初の甲子園制覇を成し遂げた22年の夏は、平日の昼間にもかかわらず全国で視聴率13・0パーセント、学校のある仙台地区では37・0パーセントを記録している。テレビ制作に関わっていたから骨身に染みてわかるが、高校野球は類を見ない〝モンスターコンテンツ〟である。それにもかかわらず、日本高野連には1円もお金が入ってこないという、なんとももったいない状況が長年続いているのだ。

大きな障壁となっているのが、高校野球、大学野球などの学生野球に適用される「日本学生野球憲章」である。同憲章の第1章第2条「学生野球の基本原理」にて、「【4】学生野球は、学生野球、野球部または部員を政治的あるいは商業的に利用しない」と定められており、これに基づいて放映権料を徴収していないのだという。

確かに放映権料を徴収するとなると、試合開始時間などの大会運営に関わる部分にテレビ局側からの介入も増え、大会の醍醐味である〝アマチュアリズム〟が侵される懸念はある。だが、〝アマチュア最大の祭典〟と言われる五輪ですら、1976年のモントリオール五輪が巨額の赤字を垂れ流し、開催地の財政破綻を生んだことを契機に、放映権料と企業協賛金を原資とした商業化に舵を切っている。学生野球憲章は細かな改正が行われているとはいえ、約80年前の1946年に制定されたものだ。時代に即しているとは言い難い部分も多々あるし、「今後、さらに100年高校野球を永続させる」という「高校野球200年構想」の観点からも、太い財源の確立は待ったなしの課題だと思うのだが……。

何はともあれ、先立つ資金がなければ、各都道府県高野連で実施している野球普及活動にも支障が出る。放映権料の徴収に踏み切り、コンテンツ力を高く評価するプラットホームで試合を配信する。そして、その一部を各地方高野連に分配するだけでも、大きく流れが変わってくると思っている。

この「高校野球の商業的利用」の解放は、放映権料だけでなく、チーム個々の活動にもプラスを生むと感じている。各チームでスポンサーを募れるようになるからだ。

昨今、全校生徒数が少ない小規模校や創部から歴史が浅く、OB会などの組織が上手く機能していない学校が甲子園で勝ち進んだ際に、「甲子園大会期間中の滞在費が不足した」といったニュースが流れることがしばしばある。そのニュースを見た全国の人々が寄付をしてくれた、クラウドファンディングで支援してくれた……と美談に仕立てられることも少なくないが、出場校がこういった窮状に直面すること自体がおかしな話である。

高校サッカーを例に挙げると、チームに大手企業がスポンサーとして付く例も少なくない。大手スポーツメーカーもあれば、航空会社や食品会社のバックアップを受けているパターンもある。用具面や遠征費負担の軽減を図り、より活動の幅を広げることができるし、全国大会出場時に発生する諸経費を補てんする活動費を捻出できる。

見逃せないのが、インターハイなどの全国高等学校体育連盟（高体連）主催の公式戦では企業ロゴが入ったユニホームを着用できないが、スポンサーに名乗りを上げる企業が意外に多いことだ。

「地元や企業に縁のあるチームを応援したい」という思いもあれば、食品会社であれば10代のアスリートたちの食に関するデータを取れるなど、事業内容に還元できるメリットを重視している場合もある。そういった「高校生の部活動」の枠組みを超えた〝地域クラブ〟としての発展、地元への密着は私自身も課題、目標としているところであり、サッカー界から見習う点は多いと感じている。また、高校野球の注目度の高さを鑑みると、公式戦ユニホームへのスポンサーロゴの掲出が叶《かな》わなくとも、手を挙げる企業は少なくないと感じるし、選手たちもスポンサー企業について学ぶ機会を持てる。生徒の視野を広げていく上でも極めて有効ではないだろうか。

批判覚悟でもう一つ。高校野球にトトカルチョのシステムを導入してみてはどうだろうか。サッカーくじの「ｔｏｔｏ」が導入された際に、スポーツと賭け事を組み合わせることへの嫌悪感を表明する声が多く聞かれたが、利益の分配を明確にしたことで、競技振興に予算が割かれるようになるなど、効果を生んでいるのは知っておくべきだろう。

この章の最後に、おかやま山陽の部訓の第22条を紹介しておこう。

「与えられた環境・条件が如何に厳しくとも最大限の知恵と行動で乗り切る。また条件の厳しさが増すほど、その状況を自分の能力と運命への挑戦と受け取り、思いっきり楽しもうとする」

高校野球界が置かれている現状は、決して明るいものとは言えない。だからこそ、「現状維持は衰退」と捉え、知恵を絞って状況を好転させたいし、そういった気概を持つ人がトップに立ってくれることを切に願う。

第7章

出会いがあるから今がある

敏腕テレビマンから学んだこと

海外での野球普及活動、福岡でのビジネスマン時代、そして高校野球の指導者と、数奇な人生を歩んでいることもあり、人生の節目節目で人との出会いに恵まれてきた。本章では、私の生き方に影響を与えた人物、読者の多くが知っているだろう著名人と接した際のエピソードなどを紹介していこう。

高校野球の指導に限らず、〝仕事〟に対する心構えを根本から変えるきっかけを与えてくれたのが、敏腕テレビマンの渡邊松太郎さんだ。松太郎さんとの出会いは、私がガーナに派遣されていた１９９９年にまでさかのぼる。当時、松太郎さんはフジテレビ系の番組『奇跡体験！アンビリバボー』の企画で、ガーナ代表選手を指導する、元プロ野球選手の高橋慶彦さんに密着していた。そもそも慶彦さんがガーナに派遣されたのも、かねてより松太郎さんが慶彦さんと懇意にしていたのが大きな決め手となっていた。当時の松太郎さんと私は、現地でバカ話をしながらワイワイやっていた間柄だったが、帰国し私がビジネスマンに転身してからは、ビジネスパートナーとして付き合うようになった。

第４章で触れた通り、会社の事業の一つにテレビ番組の制作があった。私が企画を立ち上げた、アサヒ緑健の主力商品「緑効青汁」のドキュメンタリー仕立ての通販番組を制作してくれたのが松太郎さんだったのだ。その頃、松太郎さんは『アンビリバボー』のディレクター。制作現場のトップに位置していた。松太郎さんをはじめ、『アンビリバボー』の制作チームを説得し、なんとか通販番組の制作を引き受けてもらったものの、番組制作中は、まあよく怒られた。「準備が悪い」「何もわかっていないな」など。当時私は30代前半だったが、「30歳を過ぎても、人はこんなに怒られるのだな」と思ったものだ。指摘の大半は、現場での〝段取り〟に関するものだった。

　テレビ制作の現場では、放送時間30分の映像を作るために10時間以上収録することなどザラにある。素材をできる限り多く集め、その中から良いものを選りすぐり、凝縮させるのだ。だが、松太郎さんは使わない映像を録《と》ることを極端に嫌がる人で、無駄を出さないように現場を進めることにこだわりがあった。取材対象を観察し、番組の完成形を明確にイメージする。そのイメージをなぞるようにカメラを構える。ゴールから〝逆算〟して、仕事を組み立てる人だった。

　この物事を逆算で考える思考法は、ビジネスマン時代はもちろんのこと、高校野球の指導者となった今にも生きている。例えば、投手を育成する際に、「３年生の夏に直球の最速が１４０キロを超える」という目標を設定した場合、「１年生のときには球速はこれぐらい、ウエートトレーニングの数値はここまで到達しておきたい。2年生のときには……」というふうに、逆算して中間目標を立てていく。こうすることで、漠然とゴールに向かって走るよりも、日々の練習に目的意識を持って取り組めるようになる。この逆算の考え方は、藤井皓哉をドラフト候補レベルに成長させる際にも大いに役立った。もっと言えば、中学生を視察する際にも、「この選手がおかやま山陽に来た場合、どれぐらいまで成長させることができるか」という完成形を、監督である私自身がイメージするようにしている。そこから逆算して育成プランを練るのだが、それを凌駕する成長曲線を描く選手が現れるのも、高校野球の醍醐味だろう。その一方、私たち指導者陣の力不足で、描いていた完成形に及ばないケースもある。そういった場合は卒業の際に、「（力を）伸ばし切れなかった。申し訳ない」と選手に謝罪している。夢と希望を持って多様な選択肢の中から、おかやま山陽を選んでくれたのだから、必ず頭を下げるようにしている。

話を戻そう。松太郎さんはフジテレビ系の『平成教育委員会』、テレビ朝日系のスポーツドキュメンタリー『GET SPORTS』などの人気番組に携わった後、自身の会社を立ち上げた。アサヒ緑健の通販番組が大ヒットしたことで、テレビ業界では「ドキュメンタリー仕立ての通販番組の第一人者」と評価され、今もスッポン由来の健康食品の番組を手がけるなど、忙しくされているようだ（青汁への感謝を込めて購入された緑色のベンツにはまだ乗っているのだろうか)。個人向けのドキュメンタリー映像の収録、編集も請け負っているとのことなので、興味がある人は「マットビジョン株式会社」で検索してみてほしい。

野球界の偉大なる先人

松太郎さんとの印象深いエピソードがもう一つある。それが、キャピー原田さんとの出会いだった。

キャピーさんこと原田恒男さんは、カリフォルニア州サンタマリア近郊で農業を営む、日本から移住した両親を持つ日系2世である。小学生時代から家業の手伝いと学業の傍ら、日系人で構成された地元の野球チームで活躍。類いまれな運動能力、野球センスに加え、出色のキャプテンシーを持っていたことから、「キャプテン」をもじって「キャピー」と呼ばれるようになったそうだ。1931年には選抜中等学校野球大会(現在の春のセンバツ)で優勝した広島商が、主催新聞社の計らいでアメリカに遠征をしたことがあった。そのとき、広島商に在籍していたのが、南海ホークスでプレーし、後に監督を務めた鶴岡一人さんだった。キャピーさんが所属したチームとも対戦し、キャピーさんは日本の高校生の緻密なプレーに感銘を受け、試合後の懇親会では日本語学校で学んでいた日本語で、鶴岡さんのプレーをたたえたのだそうだ。

その後、太平洋戦争に突入すると、キャピーさんはアメリカ陸軍に志願。英語、日本語を操れる語学力を生かし、GHQ経済科学局の一員として、当時、日本の大蔵大臣だった池田勇人との交渉にも通訳として同席していたとのことだ。

戦後は、軍用地としてアメリカに接収されていた甲子園球場の接収解除に尽力するなど、日本野球の復興に貢献された。鶴岡さんが中学硬式野球の連盟であるボーイズリーグを立ち上げる際にも、キャピーさんの多大なる協力があったという。

福岡でのビジネスマン時代、キャピーさんと沖縄で会食する機会に恵まれた。アメリカの国民的女優だったマリリン・モンローとメジャーリーガーのジョー・ディマジオの新婚旅行先を日本にしたのもキャピーさんの提案だったなど、中華料理店の円卓で横に座らせてもらい数多くの裏話に耳を傾けながら、宴席は続いた。

このとき、私の隣に座っていたのが松太郎さん。会の途中、松太郎さんの携帯電話が鳴る。『アンビリバボー』のプロデューサー、松太郎さんにとっての上司からだった。なんでも、番組で密着予定だった取材対象者にロケの予定をすっぽかされ、電話もつながらない状況だという。松太郎さんが「誰を取材するんですか?」と尋ねる。その問いに、プロデューサーが焦った声でぶっきらぼうに答える。

「キャピーさんだよ、キャピー原田！」

松太郎さんとプロデューサーの会話を聞きながら食事をしていた私は、思わず「え？」と松太郎さんの顔を見る。シンクロしたように松太郎さんも私の方を向く。そして、2人で円卓の横を見る。そこにはエビチリを美味しそうにほおばるキャピーさんがいた。すかさず松太郎さんが電話に向かって話す。

「キャピーさん、今、僕の横でエビチリ食ってますよ」

プロデューサーは「えー!?」と驚嘆した声を上げ、「どこだ？　沖縄？」と松太郎さんに確認し、無事収録のスケジュールを確定させた。後日、海外ロケが行われ、オンエアされた番組が、まあ素晴らしかった。戦時中に生き別れの形となった、日系人チーム時代のチームメートと時を経て再会し、キャピーさんと友人は、抱き合いながら号泣。グラウンドに用意されていたグラブで、失った時間を取り戻すようにキャッチボールをする……という感動のストーリーだ。

キャピーさんの沖縄滞在中、私は、ほぼ運転手のような役割だったが、キャピーさんが語る自らの人生、そして、戦後野球史に心を奪われた。私たちが今野球をできているのも、キャピーさんのような先人たちのおかげなのだと、強く実感した。

今、全国的には高校球児の〝頭髪自由化〟がトレンドになっている。決して悪いことだとは思わないが、「なぜ野球選手は丸刈りなのか」を説明できる指導者が少ないのは非常に残念だ。これも戦時中に「敵国発祥の野球なんぞ、やる意味がない！」という世論になりかけている中、戦争に向けた訓練を実施する「予科練」にいた野球人たちが、「野球は武士道に通ずる、精神鍛錬のためにも必要だ」と主張し、野球が軍事教練に組み込まれた。そこにいた早稲田大の学生たちが後に全国各地で教師となったため、全国に野球と、その髪型である丸刈りが根付いていった。先人たちが戦下にあっても野球を守ろうとした苦肉の策が丸刈りだったわけだ。

おかやま山陽では、現在も丸刈りで統一しているが、入部時に必ず、この野球史を説明する。説明を受けた選手は、皆納得してくれるものだ。この歴史的背景を知ろうともせず、「丸刈りを強制するから、野球人口が減る！」などと言うのは、ちゃんちゃらおかしな話だ。

話を戻そう。キャピーさんの人生、功績について世界史の授業で生徒たちに話すことも多い。2010年に亡くなられた際には、当時まだあった野球部寮での食事後、スポーツ新聞で訃報を読んだ選手が報告に来た。

「監督、授業で教えてもらったキャピーさんが亡くなられました！」

にわかに信じられなかった。それは、キャピーさんの底知れぬバイタリティーを、少しの期間とはいえ目の当たりにしていたからに他ならない。

キャピーさんが亡くなられてから、早いもので10年以上の時が経った。これからも、その功績を若い人に語り継いでいきたいと思う。

これぞプロ野球選手

福岡でのビジネスマン時代、社長から元ロッテオリオンズの村田兆治さんのアテンドを命じられた。ちなみに、村田さんは、私と同じ会社に所属していた高橋慶彦さんと同時期に福岡ダイエーホークスでコーチをしていた間柄でもある。それ以降は、村田さんが福岡に滞在される際の運転手を務めるのが私の役目になった。ある日、社長とともに村田さんと会食をする運びとなり、「寿司とか食べたいなあ」という村田さんの要望を踏まえ、要人たちの接待で使用していた、福岡の大人の街・平尾で評判の寿司店を予約した。

こういった会食を寿司店で開く場合、まずお造りで一杯やり、頃合いを見て「大将、ちょっと握ってもらえる？」とお願いしてお寿司をいただく……というのが一般的な流れだ。だが、村田さんは席に着くなり、「もうどんどん握っちゃって！」。

食事が始まると、そこはさすが元プロ野球選手。げたに置かれる寿司を目にも留まらぬスピードで口に運ぶ。すさまじい食欲に、社長と私はただ茫然としていた。中身がまだ大量に残っている重い一升瓶をフォークボールの握りで「ほら!」と持ち上げる……というのが、お酒の席での村田さんの〝十八番〟と語り継がれているが、この会食では披露されることはなかった。だが、寿司を口に運ぶときも〝フォークボール〟のように人差し指と中指で挟んでいたことは付け加えておきたい。

引退後も現役時代と変わらぬ〝マサカリ投法〟で140キロ近い速球を投じていた村田さん。その根源とも言える旺盛な食欲に圧倒されながら、宴もたけなわ、博多の夜は更《ふ》けた。たらふく寿司を食べた後、福岡での村田さんの〝かばん持ち〟だった私はタクシーでホテルまで送り届けたのだが、後部座席に腰をかけた村田さんは開口一番こう言った。

「あ〜。うまかったけど、やっぱり今日は肉が食いたかったな」

聞いた瞬間、ずっこけそうになった。寿司を食べたいと言ったのは、他ならぬあなたじゃないかと。その話を聞いた瞬間、慶彦さんから聞いていた村田さんの逸話を思い出した。

村田さんは現役時代、登板時の捕手には袴田英利さんを指名していた。試合で投げる球種は直球とフォークの2種類のみ。さらに球種の確認で捕手から指で示すサインは一切ない〝ノーサイン〟で投げ分けた。袴田さんはカウントや塁の状況、村田さんのフォーム、雰囲気でどちらの球種かを予想し、事もなげに捕球してみせたというのだから、プロ野球選手の技術力の高さは想像を超える。村田さんが相手打線に打ち込まれたとある試合、怒り心頭でベンチに戻り、開口一番、袴田さんにこう言ったという。

「袴田！　なんてサイン出してんだ、この野郎！」

繰り返すが、袴田さんはサインなど出していないのである。村田さんがノーサインで投げていることは、当時のロッテの選手たちには周知の事実。ベンチに「サインなんて出していないよな……？」「これは冗談なのか……？」という空気が漂ったという珍事件だ。

逸話に違《たが》わぬすごい人だな、と圧倒されると同時に、この豪快さこそが自分の憧れていたプロ野球の世界だなと再認識したものだ。

村田さんは2022年に72歳で逝去された。幼少期のスター選手と食事ができたことも大きなご縁だし、巡り巡って村田さんとロッテで同僚だった仁科時成さんの母校であるおかやま山陽で監督をしているのもまたご縁だと今、しみじみ感じている。

名ノッカー・春山総星さん

ビジネスマン時代、福岡県内に中学硬式野球連盟の一つであるボーイズリーグに所属するチームの運営を担当していた。チーム名は「飯塚ライジングスターズ」。この「ライジングスターズ」は、私がコーチとして携わった野球ガーナ代表チームの愛称で、チームカラーの赤とともに拝借した格好だ。

会社の事業の一環として、中学硬式クラブチームを核とし、道具を購入するスポーツショップ、故障時や日々のケアで訪れる治療院、さらに勉強をおろそかにしないための学習塾を併設し、多方面から選手をサポートする、欧州のスポーツクラブのような組織を作ってみようと話が持ち上がった。運営メソッドを福岡で確立し、ゆくゆくはフランチャイズ化して、九州全域にチームを増やしていくという構想である。その第一歩が飯塚ライジングスターズだった。

私が関わるようになった時点で、チームは発足から1年弱。会社の創設メンバーである敏腕トレーナーが初代監督を務めた後、私が監督に就いた。だが、抱えている仕事との両立が難しく、またチームが発展していくためには質の高い技術指導が不可欠と考え、チームを後継者に委ねることに決めた。当時、会社の同僚に福岡県内の別のボーイズリーグのチームで監督経験のある春山総星さんという方がいた。春山さんは選手として甲子園出場やプロでの経歴はないものの、指導力に定評があり、特に意のままに打球を操るノックは絶品だった。

この技術でチームをPRしようと思い、松太郎さんにお願いして『アンビリバボー』内で放送されていた、各界の達人を紹介する人気コーナーに「ノックの達人」として出演させてもらったこともある。番組では、ヘルメットを被った私の頭の上に置いたりんごを、目隠しした状態で打ち抜いたり、自動車の窓の先にあるスイカをノックの打球で割ったり。視聴率が20パーセントを超えていた人気番組だったので、この妙技を記憶している読者もいるのではなかろうか。

さらにキャピーさんからの紹介で、2001年に、現在は大谷翔平選手が在籍しているメジャーリーグ、ロサンゼルス・エンゼルスのトライアウトの運営を請け負ったことがあった。春山さんは持ち前のノックの腕を生かして、硬軟織り交ぜた多様な打球を参加者たちに見舞った。トライアウト終了後、エンゼルスの関係者が、「うちのノッカーとして契約しませんか？」と春山さんをスカウトしたという逸話も残っている。

その後、飯塚ライジングスターズはボーイズリーグの規定変更により、「飯塚ボーイズ」へと名称を変更。リトルシニアやヤンググリーグなどの他連盟のチームを含めて、中学硬式野球界の日本一を争う「ジャイアンツカップ」で優勝。北海道日本ハムファイターズを経て、現在は阪神タイガースでプレーする髙濱祐仁《ゆうと》選手ら複数のプロ野球選手を輩出するなど、九州屈指の強豪チームに成長させた。これも私が後任をお願いしてから現在に至るまで監督を務め続けている、春山さんの優れた指導力があってこそだろう。

福岡の会社を退職した後は春山さんにお会いする機会がなかったが、21年5月、広陵との練習試合で再会した。広陵に中尾湊くんという飯塚ボーイズ出身の選手がおり、彼の様子を見に来ていたのだ。

約15年ぶりの再会だったが、表情や姿勢からみなぎるエネルギー、純度100パーセントの飯塚なまりの方言……。私が福岡にいたころと何一つ変わっておらず、まるで昨日まで一緒にいたように会話をさせてもらった（春山さんのエネルギーに、広陵の名将・中井監督も押され気味だった）。

余談だが、学校の部活動ではない、外部のクラブチームの指導者という立場から「世界に野球を広めよう」と伝えていくのも難しかった。活動が週末中心になるので、どうしても練習、試合など通常活動だけで精いっぱいになり、腰を据えて色々な話をする時間を取りづらいからだ。

その経験から「日常的に生徒と関わることができて、かつ人格形成の途中である高校野球の指導者にならなければ、野球普及の人材育成はできないのでは」とも感じていた。この気づきも、私が高校野球の指導者になったきっかけの一つである。

藤井皓哉に手を差し伸べてくれた敏腕スカウト

春山さんが出演した『アンビリバボー』の達人コーナーの収録は基本的にグラウンドを用意して行っていたが、雨が降って屋外での収録が難しくなった収録日があった。放送日の関係で収録をずらすこともできず、なんとか使える場所を探していた我々が目を付けたのが、高速道路の高架下だった。高架下の空き地には周りにネットを張って、キャッチボールなどができるようにしている場所もあり、無事に収録が完了。事なきを得た。

高校野球の指導者になり、こんな苦労があったことをすっかり忘れていたのだが、ひょんなことから、この日の収録を思い出すことになる。福岡県内のある私立高と練習試合を計画したときのことだった。監督就任予定だというその学校の若手指導者（本人から本名非公開の申し出があったため、「A氏」と表記する。なお、本名の頭文字はAではないのであしからず）と電話で連絡を取り、何気なく「初めまして～」と話すと、思わぬ答えが返ってきた。

「堤さん、以前福岡にいらっしゃいましたよね？　実は僕、お見かけしたことがあるんです」

なんでも、私たちが高架下で悪戦苦闘をしながら春山さんのノックを収録する光景を、すぐ近くに立っていたマンションのベランダから少年時代のA氏が見ていたというのだ。「楽しみに見ていた番組だったので、「あのコーナーだ！」と思ってうれしくて、ずっと眺めていました」と。なんたる偶然。一瞬にして当時の記憶がよみがえった。

２０２０年の春に練習試合をするはずだったのだが、新型コロナウイルスが全国的に蔓延し、やむなく中止に。「いつか絶対に練習試合をやろう！」と話していたのだが、その後、A氏は一身上の都合で福岡の私立校を退職。対戦できなかったのは残念だが、高架下で生まれた接点があったため、その後も連絡を取り合っていた。そうしていると、思わぬ形で新たなつながりが生まれる。

英語が堪能だったA氏は、21年からメジャーリーグの某球団の国際スカウトに転身。21年は、折しも前年のオフに藤井皓哉が広島東洋カープを戦力外になり、独立リーグ・四国アイランドリーグｐｌｕｓの高知ファイティングドッグスでプレーしていたシーズンだった。広島ではリリーフが中心だった藤井は、高知で先発に転向。元ＮＰＢ選手として期待に違わぬ活躍を、シーズンを通して見せた。前年は各球団から戦力外通告を受けた選手らが参加する「12球団合同トライアウト」に挑戦したが、独立リーグとはいえ、シーズンで十分に力を発揮できた自負から、この年は参加を見合わせた。

しかし、活躍の手ごたえとは裏腹に、待てども日本のプロ球団からは連絡が来ない。どうしたものかと思っていたとき、私の頭をかすめたのが、A氏の存在だった。急いで連絡を取り、今年の藤井の活躍ぶりを伝えると、「データを確認してみます」との返答。数日後、A氏から連絡が返ってきた。21年シーズンの藤井の成績だけでなく、球速、ボールの回転数などの各種データを洗い出したところ、20年までと大幅に質が向上しているとわかったとのことで、A氏が所属するメジャー球団にマイナー契約にはなるが、挑戦できるという申し出だった。その際に「日本の球団から獲得の打診はありませんよね？」と、再確認された。日米間で選手を獲得する際、自由競争ではあるものの、〝紳士協定〟のような不文律があり、日本球団に獲得意思がないことが一つの条件になっているようだった。

現状、オファーがないこと、藤井自身も海外でのプレーに抵抗がないことを伝えると、A氏はホッとした声色で「もうしばらく待って、どこからもオファーがなければ進めましょう」。そして、このやり取りから数日後に、福岡ソフトバンクホークスから育成選手での獲得オファーが届いた。

元々藤井は日本のプロ野球でのプレーを第一希望にしていたため、ここまでA氏に動いてもらっていただけに忍びないが、ソフトバンク入りを決断した。藤井はオープン戦の好投で、一軍公式戦に出場できる支配下選手登録を勝ち取り、セットアッパーとして優勝争いに貢献。23年からは先発に転向し、一軍で投げ続けている。

もし、ソフトバンクからオファーがなかったら、高架下での収録から生まれた縁で「メジャーリーガー・藤井皓哉」が誕生していたかもしれない。時々、A氏の存在を思い出しながら、ふと思う。

人の縁でインドネシアのヘッドコーチに

高橋慶彦さんと出会うきっかけとなったガーナ代表でのコーチ、次の章で詳しく記すジンバブエ代表の監督以外に、もう1カ国代表活動に関わった国がある。それがインドネシアである。2003年、翌年のアテネ五輪出場を懸けた、アジア予選に臨む代表チームのヘッドコーチを務めたのだ。福岡での会社員時代に重なるが、尊敬するアジア野球連盟の前田祐吉さんからの要請となれば、受けない理由はないと快諾。会社の理解もあり、代表チームに帯同できることになった。

これまでのアフリカの2カ国と異なる、アジアのチーム。当然選手たちの気質も大きく異なっていた。定刻に姿を現さないこともざらにあるジンバブエ、ガーナの選手たちとは異なり、インドネシアの選手たちは超真面目だった。私の指示を詳細にメモに書き留めるなど、練習後に「この練習はどんな狙い、効果があるのでしょうか？」と尋ねてくる者が何人もいて、驚きの日々だった。

代表チームの戦い以上に印象に残っているのが、アテネ五輪予選を兼ねたアジア選手権の会場である北海道の札幌入りした後に開催された、予選参加国が集結する〝前夜祭〟だ。

インドネシア以外の参加国を見渡すと、日本と韓国、中国と台湾が、互いの国家間の政治情勢に加え、実力のあるプロ選手を派遣していることもあり、正に〝バチバチ〟の空気を放っていた。「スポーツに政治を持ち込むな」というのは常套句だが、そこはやはりそれぞれの国民同士。どうしても敵対意識のようなものは表出してしまうのである。

そんな張りつめた空気感の中、どこの参加国とも敵対関係にない国が二つあった。我々インドネシアとパキスタンだ。そこで、関係者の中枢メンバーたちから、あることを厳命された。

「もし日本と韓国、中国と台湾の関係者たちが一触即発の空気を見せたら、君たちで止めてくれ」

当日、会場のテーブルも、揉めそうな国の間に入るように、インドネシアとパキスタンが配置されていた。これを見て、「冗談じゃなかったんだな……」と身震いしたものだ。

しかし、体格に恵まれているパキスタンの選手たちはまだしも、インドネシアの選手たちはというと、日本の一般的な高校球児に近い、極めて標準的な体型である。内心「止められるわけねえだろ」と思っていると、いよいよ前夜祭が始まった。この前夜祭、なんと立食形式だった。主催者たちが様々な思惑を含んだテーブル配置を施したとて、料理を取る際に各国の選手たちが入り乱れるので、なんら意味をなさないのである。

結局、大きな揉め事は起きず、終始和やかに宴は終わった。主催者の不安は取り越し苦労に終わり、私も日本代表の松坂大輔や松井稼頭央らと記念写真を撮るなど、前夜祭を満喫。松井稼頭央は、「高橋慶彦さんにお世話になってまして」と話しかけると、大変気さくに対応してくれたのが印象深い。

大会の結果は、1勝3敗。予選突破はならなかったが、今まで負け続きだったフィリピン相手に勝利を収め、インドネシアの関係者には喜んでもらえた。さらに、ガーナ代表で、ジンバブエのモーリス・バンダと対戦したように、グラウンドでのうれしい再会があった。パキスタン代表を渡辺博敏さんが率いていたのだ。

第4章でも紹介したように、渡辺さんは元プロ野球選手で、引退後はスポーツメーカーのデサントに勤務していた。私がガーナ代表に携わっていた際、日本からユニホームやグラブなどの野球道具をたくさん、本当にたくさん持ってきてくれただけでなく、2週間近く練習に帯同し、打撃投手などを務めていただいた。渡辺さんは、この活動を通して、「野球の原点を思い出した」と海外の野球に強い興味を抱いたそうで、私と同じくアジア野球連盟からの要請を快諾し、パキスタン代表の監督に就任。我々インドネシアから1勝を挙げ、これは〝歴史的1勝〟としてアジア野球界で語り継がれている。

渡辺さんは05年からタイ代表を指揮するなど、海外の野球振興に尽力された。現在、ローリングスジャパンに勤務している渡辺さんのご子息が、23年から同社と契約を交わした藤井皓哉の担当としてもサポートしてくれている。これもまた、素晴らしい縁だと感じている。

スポンサー探しでの出会い

ゴルファー・諸見里しのぶのプロ転向に向けたスポンサー企業探しでも、多くの経済人に出会った。第4章で記した通り、しのぶは日本でのプロ活動を経ずにアメリカツアー参戦を選んだため、予想通り、いや予想以上にスポンサー探しが難航した。

リストアップした企業に片っ端からコンタクトを取るも、振られっぱなし。苦戦すると覚悟はしていたものの、想定以上の困難に直面し、さすがの私も心が折れそうになっていた。そんなとき、「しのぶのスポンサードに興味がある」と連絡をくれた企業があった。

それが、バークレイズ・キャピタル証券（現・バークレイズ証券）だった。

バークレイズはイギリスのロンドンに本拠を置き、銀行、証券、クレジット部門などを有する国際金融グループだ。バークレイズ・キャピタル証券は、バークレイズの投資銀行部門であるバークレイズ・キャピタルの日本法人にあたる。

世界的な金融機関が、向こうから「興味がある」と言ってくれているのだ。脈があるなんてものじゃない状況に、窮していた私は思わずガッツポーズをした。「ぜひお話をさせてください」と折り返し、先方から指定された日時に、東京へと向かった。

血気盛んに東京の高層ビルに乗り込んだが、受付で言われたのは「あいにく、社長は現在席を外しておりまして……」。え？　そっちが指定した時間なのに、いない？　最初は事態が呑み込めなかった。結局、私はドタキャンされ、すごすごと福岡に戻るしかなかった。落ち込みながら飛行機に乗り、会社へ戻ると、再びメールが入っていた。ドタキャンしたバークレイズ・キャピタル証券の社長から、新たな訪問日時の指定だった。振られたばかりで気が立っていたが、チャンスがつながったことに変わりはない。急いでメールを返信し、再び面会の約束を取り付けた。今一度プレゼン資料を練り、再指定された日時に東京へ飛んだ。

高層ビルの前に立ったとき、前回の嫌な記憶がよみがえったが、今回はちゃんと会うことができた。バークレイズ・キャピタル証券の中居英治社長と対面し、プレゼンを開始しようとすると、すぐに中居社長に止められた。

「もういいですよ。うちはイギリスの会社なので、アメリカのツアーに参戦する選手のスポンサーにはなれません」

念願の交渉は開始早々に断られ、私は「それなら、なぜ呼んだんだ」と肩を落とした。中居社長は引き上げようとする私を呼び止め、こう告げた。

「今からキヤノンに行ってみなさい」

了見がわからず戸惑う私に、中居社長は続けた。

「○月△日A社、×月□日B社……。堤さん、あなたたくさんアプローチしたんだねぇ〜」

中居社長が何も見ずにすらすらと告げたのは、私がスポンサーの交渉に行った日程と企業名だった。はったりでもなんでもなく、すべて事実で、戸惑いは増した。

「堤さん、社長の友達は社長。ゴルフが好きな社長の友達は、ゴルフ好きな社長。色々な方からあなたのことは聞いています」

中居社長曰く、私が交渉した企業の社長たちからプレゼンの内容やスポンサーの条件などを聞き、私が企業ごとに態度を変えていないか、相手の足元を見るような交渉をしていないかを見定めていたそうだ。ちなみにキヤノンの社名の「ヤ」は小文字の「ャ」ではなく、大文字の「ヤ」である。前身の精機光学研究所時代に生み出した日本初の国産小型カメラを、観音菩薩の慈悲にあやかり、「KWANON」と命名。そこから、「世界に通用するブランド名にしよう」と社名変更を検討した際、「KWANON」と、「正典」「規範」「規準」の意味を持つ、「CANON」の音が似ていたこと、ギリシャ神話に登場する女神である「カノン」から、「キヤノン（CANON）」と名付けられた経緯がある。当時、私は「ヤ」が大文字であることを知らず、プレゼン資料に「キャノン」と記していた。プレゼンが始まると、役員から表記ミスを指摘された。だが、プレゼン直前に読んでいた新聞で、経団連の会長に就任したキヤノンの御手洗冨士夫社長のコラムが掲載されていたことから、「キヤノン」の正式表記に気づいていた。「こちら間違っておりすみません。御社の社名表記に込められた意味合いも存じ上げております」と即座に対応することができた。自分の無知ゆえのミスだが、土壇場で偶然とはいえ新聞記事を目にしていたのは、自分に運が向いてきたように思えたものだ。

肝心の交渉はというと、資料を広げて数分で、「もう大丈夫です。契約しましょう」と決着がついた。これは私の憶測だが、私がすべての企業に率直に、うそをつかず交渉していたと知った経済界の重鎮が、交流のある企業の上層部にしのぶのスポンサー契約をお願いしてくれたのではないかと思っている。

この商談の後、自動車メーカーのＢＭＷ、ゲームメーカーのバンダイナムコホールディングス、スポーツメーカーのテーラーメイド、アディダス、大阪に本社を持つスポーツサングラスのメーカー・スワンズ……。「次はここに行ってみて」と言われた先々で、トントン拍子に契約が成立。まるで数珠繋ぎのように、しのぶのスポンサー企業が決定していき、苦難の連続だったスポンサー探しは無事終了した。

当時を振り返ったとき、今でもゾッと身震いする瞬間がある。中居社長から「色々な方からあなたのことは聞いています」と明かされたシーンだ。もし、私が相手企業の規模に応じて態度を変えながらプレゼンをするなど、相手の足元を見ながら交渉していたら、「堤は信用できないやつだ」とみなされ、スポンサー契約はことごとく頓挫していたのではないか……ということだ。

以前から、会社の名前で態度を変えるようなことはすまいとは思っていたが、この一連の経験で、より一層その気持ちが強まった。そして、私はうそをつかず、他人の悪口は言わないようにしようと心に決めている。人は縁の中でしか生きられない。そういう意味では人のつながりは縁というよりも「円」なのかもしれない。円のようにつながっている以上、自分が外に放った言葉は巡り巡って、その人にも伝わる。「あの人に助けられた」というようないい話であれば、その人に伝わるように積極的に他者にも話すべきだが、悪口も同じように巡り巡って、その人の耳にも入るものだ。

高校野球でもライバル校への悪口を選手に話す指導者がいる。一見、チーム内で終わりそうなものだが、今はSNSもあるし、選手たち同士のつながりもある。悪口を言ったチームの選手と自チームの選手が、中学時代のチームメートなどのつながりで交流があり、あっさり伝わってしまった、というケースを聞いたこともある。

それ以外にも、選手は何気なく、自宅で親に監督の話をするものだし、外に放った言葉は良くも悪くも1人歩きするようになる。皆で気をつけていきたいものだ。

少し話が逸れたが、色々な人との出会いで今の私がある。よく「あいつは周りに恵まれている」「チャンスが多くてずるい」といったように、他人をねたむ人がいる。私はこれは間違いだと思っている。誰にも人との出会いは平等にあり、人生の節目、節目で重要な人物と出会っているものなのだと思う。それを転機と捉えるか、なんでもないことだと流してしまうかは、その人の捉え方次第。運が良い人も、悪い人もいない。運が良いと思っている人と、運が悪いと思っている人がいるだけなのだ。

きっと残りの人生でも、また新たな出会いがある。その一つ一つを大切にし、込められた意味を感じながら、毎日を歩みたいと強く思う。

第8章

ジンバブエ代表監督就任

五輪代表監督の要請

２０１５年４月。なんの前ぶれもなく、盟友のモーリス・バンダがジンバブエから日本にやってきた。モーリスは、私が青年海外協力隊員としてジンバブエで野球の普及活動に従事していた際に、ボランティアでアシスタントを務めてくれた男だ。

そのモーリスが突然おかやま山陽のグラウンドに現れ、「19年から始まる東京五輪予選で、ジンバブエ代表監督としてベンチに入ってほしい」と打診してきた。最初は冗談かと思ったが、ジンバブエ野球協会の会長であるモーリスは本気だった。私も当時の選手たちに「地方大会で負けている監督がジンバブエ代表を指揮するのと、甲子園出場監督が海外でも監督をするのなら、どちらがおもしろいと思うか？」と尋ね、選手たちは「絶対、甲子園出場監督の方がおもしろいです！」と奮起。その2年後の17年夏に、甲子園出場を現実のものとしてくれた。この件については、第5章で書かせてもらったが、ここで、なぜモーリスが日本人の私に代表監督を打診したのかをひもといていこう。

事の始まりは、１９９９年にまでさかのぼる。99年、私はガーナ代表チームのコーチとして、シドニー五輪のアフリカ予選を戦った。五輪本選の出場をかけた3位決定戦の相手が、モーリスが携わっていたジンバブエ代表。この〝師弟対決〟はモーリスに軍配が上がり、ガーナはあと一歩で五輪出場を逃した。試合後、会場でモーリスの姿を見つけた私は、試合に敗れた悔しさと旧友に再会できた喜びがない交ぜになりながら、モーリスの元に駆け寄った。

「モーリス！　元気だったか？」

互いの近況を報告し合うと、この当時もモーリスは現地で野球隊員のアシスタント活動を継続していると教えてくれた。私と最初に出会ったとき、彼は17歳。月日が経ち、少年だったモーリスも20歳を超えた。それにもかかわらず、定職にはまだ就いていないという。私は思わず、率直な疑問をぶつけた。

「モーリス、今も無給でアシスタントを続けてくれているのはありがたいけど、そろそろちゃんとした仕事を見つけろよ。親御さんも心配しているんじゃないのか？」

私の言葉を聞いたモーリスは、苦笑しながら「できるわけないじゃないか。学歴もないんだから」と返答してきた。当時のジンバブエは経済状況の悪化が表面化し、国民の失業率が70パーセントを超える〝大就職氷河期〟。大卒者すら職探しに悪戦苦闘している状況であり、大学を出ていないモーリスが安定した職に就くのは至難の業だった。

「それなら、大学に行けばいいじゃないか」

私が何気なくこう続けると、モーリスは視線を下に落としながら、力なく愛想笑いを浮かべた。モーリスはジンバブエ第2の都市であるブラワヨのハイデンシティ（高過密度住宅地域、俗に言うスラム）の出身で、貧困にあえいでいた。その家庭から大学進学に必要な諸費用を捻出するのはどだい無理な話。貧困のスパイラルから抜け出すことは、実質不可能だった。悲嘆にくれるモーリスの姿を見て、私は宣言した。

「よし、オレが学費を出すから。モーリス、大学行けよ」

モーリスが「何を言ってるんだ？」とでも言いたげな、あっけに取られた顔で私を見る。野球隊員時代に普及活動を手伝ってもらった恩があるとはいえ、数年ぶりに再会したばかりだ。にわかに信じられないのも無理はないが、私は本気も本気。そして、福岡でビジネスマンとして働き始めた後、自分の給料の一部をモーリスに渡した。

実はガーナ代表チーム時代に知り合った教え子にも、資金を援助したことがあった。「地元で理髪店を開くから」「友人と事業を始めるので」など理由は様々。本来の用途にお金を使った者もいれば、渡した資金を持って姿をくらませた者もいた。正直、この時点ではモーリスがどちらに転ぶかはわからなかった。ジンバブエ赴任時代には持っていなかった携帯電話が爆発的に普及し、五輪予選での再会を機にメールで連絡を取り合うようにはなったものの、姿が見えないのだから、いくらでもごまかすことはできる。「無事、大学に行けたよ」と報告しつつ、援助した資金を浪費していたとしても、私には把握のしようがない。

それでも、私はモーリスに学費を渡した。裏切られる可能性はある。だが、信じてみないことには何も始まらないし、あのまま「頑張れよ！」と激励するだけでは彼の人生が大きく変わることは絶対にない。そう実感したからこそ、モーリスとの友情に懸けた。

そして、およそ15年後、モーリスが岡山に現れた。アポなしでの来日に驚き、再会を互いに喜んだ。

「モーリス！　久しぶりだなあ。何しに来たの？　岡山観光？」

「堤さんのおかげで、今不自由なく暮らせていることを報告しに来たんだよ！」

「え？　今仕事は何やってんの？」

「大学で教員をしているよ」

「えー!?」

モーリスは、私の学費援助によって入学した南アフリカの名門体育大を無事卒業。その後も本人の勤勉な性格もあり、計三つの大学を卒業し、国内でも類を見ない学歴を得た。現在はジンバブエの体育大学で准教授の職に就いているという。「スラム街で生まれ、スラム街で死んでいく」はずだった少年の人生が完全に変わった瞬間を見て、衝撃を受けた。

そして、学費を受け取ってからも、遠く離れた日本にいる私を、一瞬たりとも、1ミリも裏切らずに、今日まで過ごしてきたのだ。モーリスの心意気に、思わず目が潤んだ。モーリスは近況報告に続いて、ジンバブエ野球協会の会長を務めていることを明かし、今回の来日最大の目的に踏み込んだ。本章の冒頭で触れた、東京五輪予選に臨むジンバブエ代表チームの監督就任の打診だ。最初は冗談かと思ったが、次の日におかやま山陽の職員室を訪ね、原田一成理事長・校長に「五輪予選の期間中、貴校の堤先生をお借りしたいのですが」と直談判するモーリスを見て、本気だと理解した。私は過去に例がないであろう、高校野球と五輪代表監督の二足のわらじを履く決意を固めた。

予選期間中はおかやま山陽野球部を離れてしまうわけで、「甲子園出場」だけを考えるならば、ジンバブエ代表監督を兼任することは得策ではない。にもかかわらず、私がモーリスのオファーを受けたのはなぜか。そこには5つの理由がある。

まず一つ目(1)は、20年来の友人であるモーリス直々の熱いオファーであったこと。また、協力隊員時代のリポートにも書き記していた夢であり、ガーナ代表のコーチから始まり、インドネシア代表のヘッドコーチを歴任したことで思いが強くなった「五輪代表監督になりたい」という目標を叶えたかったから。それも母国である日本で開催される五輪出場を懸けて戦うのだから、燃えないわけがない。

二つ目（②）は、92年から始まったジンバブエへの野球普及に携わってきた、初代隊員の村井洋介さんをはじめとする協力隊員ＯＢたちの思いを受け継ぎ、次の世代へ伝えたいから。また、村井さんの活動に感銘を受け、これまでサポートを続けてくれた日本人有志による「ジンバブエ野球会」の方々が抱いてきた「日本開催の五輪に出場する」夢を叶えたかったため。

三つ目（③）は、野球離れが加速する日本の野球界へメッセージを送りたいから。野球離れの大きな原因の一つが、世界において野球がマイナースポーツであることだと痛感している。サッカーのように世界一の国やクラブを決める大会が存在せず、プロ野球では年間を通して戦っても、「日本一」の称号を争うだけで、その先がないこの日本野球界の〝天井の低さ〟ゆえに、子どもたちはワクワク感を抱けず、結果として人気が低迷しているということを、周囲に伝えたかった。

四つ目（④）は、おかやま山陽の野球部員や生徒に、夢に向かっている私の姿を見せること。当時私は48歳。夢のない子どもが増えたのは、大人が夢を見ていないからだと感じていたので、いい年をした大人が純粋に夢を追う姿を見せ、何かを感じてほしかった。

最後の五つ目（⑤）は、東京五輪の本選に6カ国しか参加しないという事実を広く知ってもらうこと。本選参加国数の少なさは、世界において野球がマイナーで、つまらない競技とみなされていることの何よりの証拠である。曲がりなりにも甲子園出場監督となった私が、発展途上国の指揮官として五輪に挑戦することで、多少なりとも日本国外のチームにも注目が集まる。日本の野球好きたちが、野球の置かれている現況を知り、危機感を持って野球の普及の必要性を考えるきっかけになってくれればという思いだ。

モーリスの打診を受けた段階では、①②の思いが強かったが、予選が近づくにつれて、③⑤の「もう1度日本の野球界について考えてほしい」というメッセージを、五輪を通じて送りたいという気持ちが高まっていたことを覚えている。

私の代表監督就任は、モーリスが全日本野球協会に要請し、同協会の山田博子理事を通じて、日本高野連に伝達された。同時に私は面識のあった大手スポーツ紙の記者に「おかやま山陽・堤監督、ジンバブエ代表監督に」という第一報を打ってもらえるように情報提供。よく「高野連から、すんなりOKが出たんですか?」と聞かれるのだが、真正面から「ジンバブエ代表監督に就任するんですが、大丈夫ですかね?」と高野連に聞いても難色を示すに決まっている。そこで、〝既成事実〟を作っておこうと思ったのだ。

予想通り、岡山県高野連の事務局から電話がかかってきた。「事態がわからないから説明を」という連絡だった。私は「日本高野連に雇用されているわけでもないのに、なぜ就任の伺いを立てないといけないんですか? 学校長の承諾を得ているんだから問題はないはずですよね」と返答しつつ、経緯を説明。そして「もしダメだと言われても、ジンバブエに〝旅行〟に行きますよ」と付け加えた。

仮に代表監督就任をストップされても、「旅先で何をしようがオレの勝手だろ」と思っていたので、旅行という名目で現地に行こうと決心していたのだ。そんな私の気迫が伝わったのか、出場した18年のセンバツ前に開かれた理事会での審議を経て、日本高野連からも「代表監督との兼任を許可する」とのお達しが出て、大手を振ってジンバブエ代表監督として戦えることになった。

21年ぶりのジンバブエ

2018年の年末、私は自宅で荷造りに追われていた。荷物のほとんどはグラブやユニホームなどの野球道具。代表チームの選考を兼ねた合宿の準備である。到底一つにはまとまらず、複数のバッグに分けて詰め込んだのだが、必ず使おうと決めていたバッグがあった。ところどころ色があせ、ほつれている紫色のバッグは、私が1995年に初めてジンバブエを訪れた際に使用した思い出の品だ。これにグラブ20個、ボール10球、カーペットを切って作った大量のベースを入れ、1日に何校もの学校を渡り歩いた。中身はパンパン、とにかく重たくて、モーリスと何度も交代しながら持った記憶が鮮明によみがえった。青春の日々が詰まったバッグを手に、初代野球隊員の村井さんに譲っていただいた黒の国際大会用ジャケットを羽織り、97年12月以来、21年ぶりにジンバブエの地へと飛んだ。

飛行機を乗り継ぐこと約30時間。飛行機の窓から見えるのは、青い空、赤茶けた大地、緑が美しい草原。私の記憶とまったく違わぬジンバブエの景色は、21年の時間の流れを感じさせなかった。

到着後、いきなり難題が降りかかる。重量制限ギリギリにまで積み込んだ野球道具に莫《ばく》大《だい》な関税がかかるというのだ。交渉を試みるも、私と税関職員との攻防は長期戦に。約3時間の戦いの末、最後は空港で待機してくれていたモーリスが参上し、いくらか減額された関税を支払って手打ちとなった。

空港のロビーに降り立つと、私の協力隊員としての後輩にあたる谷山直規隊員と身長2メートル近い大男が出迎えてくれた。一瞬たじろいだが、顔を見てすぐに初対面ではないと気づく。ブラワヨ出身で、四国アイランドリーグPlus、ベースボール・チャレンジ・リーグという日本の二つの独立リーグでプレーしたシェパード・シバンダだった。シェパードは村井さんに野球を教わった選手の1人で、その縁から独立リーグ入りの前に、おかやま山陽のグラウンドで練習したこともあった。たまたま受けた動体視力のテストで、日本のトップ選手をしのぐ好成績をたたき出し、度肝を抜かれたものだ。

シェパードとの再会を喜んでいると、もう1人現地の男性が到着を待っていてくれた。「初めましてではありません！　お久しぶりです。私は8歳のころに、あなたに野球を教えてもらったワシントンです！」

「初めまして！」と握手を求めると、男性は目に涙を浮かべながら、私を抱きしめた。

聞くと、私が1週間に約25校を訪問指導していた時期の選手だった。完全に普及活動に忙殺されていた時代で、世代別の代表チームに入れるレベルだった高学年の選手の顔と名前を覚えるのが精いっぱい。申し訳ないが覚ていないと伝えると、ワシントンは破顔一笑し、「あなた1人で数多くの生徒を担当していたから仕方ありませんよ！」と許してくれた。約20年前の活動が無駄ではなかったと言われているように感じ、無性にうれしかった。

再訪初日は長時間移動の疲れもあり、予定はなし。滞在中の拠点となるモーリスの自宅へと移動した。で、このモーリスの自宅に驚かされた。世界のセレブが集うアメリカのビバリーヒルズを彷彿させるようなブラワヨの高級住宅街に構えられたモーリス邸は、豪華絢爛。はっきり言って岡山の私の自宅とは比べ物にならない豪邸で、大学の准教授として立派に働いているとは伝えられていたものの、改めて彼の人生の激変ぶりを実感した。

モーリス邸で束の間の休息を取った後のスケジュールはびっしり。まずはモーリスの自家用車（ちなみにベンツ）に乗り込み、片道600キロの長旅の末、ジンバブエの首都・ハラレへ。JICAのオフィスに立ち寄り、挨拶と今後の代表チームの活動予定について伝えると、今回税関と激しいバトルを繰り広げた野球道具の関税について、「今後はできる限り協力する」という心強い返事をもらった。

ハラレにいる関係者や旧友たちへの挨拶回りを終えると、モーリスが見慣れぬ場所へと車を走らせた。目に飛び込んできたのは、お世辞にも繁盛しているようには見えないスポーツジム。敷地の中に入ると、だだっ広いグラウンドに行き着いた。錆《さ》びついているものの、グラウンドに鎮座するベンチやそびえるバックネットが、ここが野球場であることを物語っていた。私がジンバブエを去って約半年後の98年6月に竣工された、ジンバブエ初の野球場「ドリームパーク」だった。クラブチームによる国内最大規模の全国大会が何度か開催された実績のある、〝ジンバブエの甲子園〟と呼ぶべき球場だ。完成後、日本のジンバブエ野球会のサポートを受けながら、トイレ、シャワー、打撃練習場など、毎年少しずつ施設を拡充。ジンバブエ国内の野球選手、サポーターである日本人の思いが詰まった、正に〝夢〟の球場だった。国内の治安が乱れた際に土地の権利がはく奪され、使用ができなくなったとかで、すっかり朽ち果てた野球場になっていたが、自分を含め、ジンバブエに野球を根付かせようと奮闘していた者たちの思いの結晶には変わりはない。その球場を初めて目にし、えも言われぬ感慨深さがあった。

一塁側ベンチの奥には、何やら看板のようなものがあり、近くで見てみると、初代野球隊員である村井さんの功績をたたえる記念プレートだった。他には約1000人にも及ぶジンバブエ野球界の支援者の一覧があり、さらにその横には歴代の野球隊員の一覧が。私の名前もあり驚かされたものだ。これを知ってか知らずか、モーリスがこの場所に連れてきてくれたことで、代表監督としての自覚と決意が一層高まったのは言うまでもない。

翌日もそのままハラレに残り、ジンバブエの5州から計7チームが参戦する大会を視察した。この時期は地元の学校のグラウンドで実施されたが、かつては「ドリームカップ」の愛称で、前日に訪れたドリームパークを会場にして開催されていた大会だ。視察の目的は、東京五輪予選に挑む代表チームの選手選考だった。

第1試合の開始直前に球場入りすると、到着していたのは参加者の半数程度。「5分前行動」が染みついている日本人からすると考えられない話だが、ときには牛にまたがって移動することもあるジンバブエ国内の交通事情を考えると、致し方ないのだろう。久々の〝ジンバブエ・タイム〟に出鼻をくじかれたが、会場の設営作業には感心させられた。グラウンドに生えた余分な芝を刈る、移動式のバックネットを設置、ボールなどの野球道具の用意、準備の全工程がすべてジンバブエ人によって進められているのだ。さらに、バックネットの後方には、審判用具一式を身に着け、ペットボトルの水をがぶ飲みしているジンバブエ人の審判員。私がいた時代は、大会を開こうにも会場設営、後片付けは野球隊員たちの仕事だった。ジンバブエ人が準備し、ジンバブエ人が指導したジンバブエ人がプレーし、ジンバブエ人がジャッジをする。97年当時、野球隊員たちと酒を酌み交わしながら目標に掲げた、「ジンバブエ人によるジンバブエ人のための野球」が行われている様子を、ともに夢を語った諸先輩方にも見てほしいと心の底から思った。

試合開始までに、現地の中年男性5人が私に歩み寄って来て一言。

「私たちはあなたに野球を教わりました。まさか再会できるなんて……」

入国当日のみならず、ここでも教え子に再会できるとは。さらに代表チームのコーチも来ており、私はやや緊張しながら挨拶に向かった。ジンバブエで普及活動をしていたとはいえ、現地に住んでいるわけでもない外国人だ。野球協会のトップであるモーリスが全面的に支持しているとはいえ、私の監督就任を快く思っていないスタッフもいるのではないかと、身構えていたのだ。しかし、私の警戒は取り越し苦労に終わる。

「久しぶりに会えてうれしいです！　私にボールの捕り方を教えてくれたのを覚えていますか？」

なんと、またまた教え子。黒人居住区では初めてとなる普及活動をした小学校の生徒だった。現在は南アフリカに移住し、ＭＬＢの野球普及プログラムのスタッフとスカウティングに従事しているとのことだった。いい機会だと思い、私が代表監督を務めることについての感想を尋ねると、「現地の人間が務めるとなると、部族間、世代間で必ずトラブルが起こります。日本人の堤さんが監督就任すると、むしろ色々なものがクリアされるのでありがたいですよ」との回答。太鼓判を押してもらい、一安心した。

選考の場となる大会に臨む選手一同がそろうと、私は彼らの前に立った。

18年の夏にモーリスが日本に連れてきた一部の選手とは面識があるものの、ほとんどの選手とは初対面。まずは〝つかみ〟が肝心だと考え、練習前のミーティングに臨んだ。当時の臨場感を出したいため、実際に使った英語でミーティングの様子を再現しよう。

「Do you know why we play baseball?（なぜ私たち男は野球をやっている？）」

これを聞いた選手たちは、「Teamwork?（チームワークを学ぶため？）」「Mental?（精神を鍛えるため？）」などと、思い思いの答えを口にした。私はそれを「No!」と一刀両断し、こう続けた。

「We have a bat and balls!（私たち男はバットとボールを持っているからだ！）」

下ネタである。説明するのもやぼだが、我々男たちの股間にぶらさがっている棒をバットに、玉をボールに例えたジョークだ。これを聞いた選手たちは爆笑。やはり世界の共通言語は笑顔、元気な挨拶、そして下ネタなのだ。

代表候補選手との距離を一気に縮めると、コーチは国内で有力視されている参加選手のリストを手渡してくれようとしたが、私は気持ちだけ受け取り、断った。日本で中学生を視察するときもそうだが、事前に情報を入れすぎてしまうと先入観が芽生え、選手を見る目がにぶる恐れがある。自分の感性を大切にしたいと思い、事前情報に頼らず、プレーに目を光らせた。

2日間の大会の視察を終え、28人のプレーヤーを選出。幸いコーチ陣が事前にマークしていた選手と大きな相違はなく、納得の代表選手選考となった。

奮闘！ 東京五輪予選

選手選考を終えると、ハラレから再びブラワヨへと戻り、代表チームでの合宿が始まった。いよいよ練習へ。キャッチボールの段階からスローイングに難がある選手が多かったため、知念広弥のイップス改善、藤井皓哉の育成から誕生したおかやま山陽伝統の「3ステップ」などの投球ドリルを伝授。練習前とはリリースの強さが格段に変わり、選手たちは次々と笑顔に。「次のメニューは⁉」と食い気味に聞きに来る選手が続出し、技術練習のつかみも無事成功した。

選手の技量を考えると、正攻法で戦っても予選突破は難しい。そこで、2日目は走塁練習を重点的に行った。最初に指導したのは、ベースから離れるリードの取り方だ。足に自信がありそうな選手を1人呼び出し、「自分が限界だと思うところまで一塁からリードを取ってみて」と指示を出す。すると、その選手は目測で3メートルくらいの〝極小〟のリードを取った。すかさず私が叱責する。

「もっとリードを取れるはずだ！　恐れずにリードを大きく取れ！」

そして、13メートルもの特大のリードを取らせ、投手の一塁けん制に合わせて帰塁を繰り返すも、当然アウトになる。見学している周りの選手たちは「アウトになるに決まっているじゃないか」という、やや白けた表情で、その様子を眺める。これも狙い通りだ。

リード幅を1メートルずつ縮め、帰塁を繰り返す。12、11、10メートル……。そして9メートルまで短くすると、間一髪でセーフとなった。選手たちは「おー！」と沸く。その瞬間を見逃さず、私が叫ぶ。

「さっき、自分の限界は3メートルと言っていたよな？　本当の限界、自分の能力の半分以下じゃないか。今までの人生も能力の半分以下で生きてきたのかもしれないだろ！　自分で勝手に限界を決めるな！」

これは高橋慶彦さんから教えてもらった練習方法で、おかやま山陽では入部してすぐに、新入生全員に必ず取り組ませるメニューだ。この〝限界突破〟の感覚が自分の体に染み込むと守備でも今まで諦めていた打球を最後まで追うようになるなど、プレーの考え方がガラッと変わる。もっと言えば〝生き方〟までも変わる体験になる。この練習を境に、ジンバブエの選手たちの表情にも、今までとは違う覇気が感じられるようになった。

速球に対応するバットの出し方など、高校野球の指導で培った戦い方を選手に伝え、10日間の合宿もいよいよラスト1日を残すのみとなった。さあ、充実の合宿の最終日もいいものにしようとモーリス邸で目を覚ますと、昨日まであったはずのリビングのテレビがなくなっている。モーリスの奥さんが、リビングの隣で寝ていた私を起こしてはいけないと気を遣って別室に移して見ていたのだろうと思い、「ありがとうございました！」と伝えるも、奥さんは何が何やらわかっていなさそうな表情。そして、リビングに行くと「キャアー！」という悲鳴。ふと思い立って窓を見ると、外の鉄格子が捻じ曲げられ、ガラスが割られていた。そう、テレビは移動したのではなく、強盗に盗まれたのだ。気づいた瞬間、血の気が引いた。寝室には、私と、出国の際に持ち込み切れなかった野球道具を持ってきてくれた長男・尚虎がいた。当然、部屋に押し入った際に私たちの顔を見ているはずで、「起きたら邪魔だし、殺してしまおう」となっていた可能性も十分にあっただろう。ある種〝平

ジンバブエ代表監督時代。右端はコーチの谷山直規隊員。帰国後、2023年春までおかやま山陽でコーチを務めてくれた

和ボケ〟していたな……と気を引き締める一件となった。

合宿最終日のミーティングでは、選手になぜ自分が20年以上の時を経てジンバブエに戻ってきたかを伝えた。

「20年以上前は、ただガムシャラにやるだけの理論も技術もない、しかも英語も話せない。異文化にも対応できないダメなコーチだった。ジンバブエで、人に思いを伝えるには、まず自分が心を開き、うそ偽りなく接することの大切さ、そして我慢することの意味を知った。だから、日本で選手たちに2回も甲子園に連れて行ってもらえた。自分を成長させてくれたのがジンバブエ。だから、自分にできるジンバブエへのサポートを死ぬまでやろうと決めたから戻ってきたんだ」

どこまで選手たちに伝わっていたかはわからない。でも、真剣に耳を傾けてくれる彼らを見て、約半年後の予選も楽しみになったことは覚えている。安眠中、思わぬ命の危機に直面したものの、無事合宿を終え、一旦帰国した。

「野球の勝敗の大半は投手で決まる」。高校野球を指導して、このことが骨身に染みていたため、２０１9年3月にジンバブエ代表チームの投手3人を日本に呼び、おかやま山陽で2週間の強化合宿を張った。滞在中は部員たちの家を代わる代わるホームステイ。そば、天ぷらといった日本食を振る舞われ、中には納豆を出してくれた家庭も。部員たちにとっても、異文化に触れるいい機会となったようだった。

参加者の1人であるピカ・コレンは、おかやま山陽の投球ドリルでメキメキと成長し、まだ肌寒い気候の中、最速130キロを突破、日本のプロ選手並みの回転数2460をたたき出した。生活面では、乳酸菌飲料の「カルピス」にドハマりし、最後は原液をそのまま飲むという豪快さを見せていた（美味しいのか？）。

19年4月15日。野球部は新入部員を迎え、学校としても新年度のスタート直後。野球部、学校関係者には多大な迷惑をかけたと思うが、皆に快く送り出していただき、半年ぶりにジンバブエの地に降り立った。

1週間の直前合宿を終え、5月からいよいよ予選がスタート。余談だが、開幕前日に設けられた会議の開始直前、時差が7時間あるジンバブエは4月30日だが、日本は日付が変わり5月1日に。平成が終了、新元号の令和が幕開けする歴史的瞬間を、私はジンバブエで迎えた。ちなみに〝ミレニアム〟に沸いた2000年がスタートする瞬間はガーナのトイレにおり、歴史の変わり目に日本にいない男なのだと、つくづく感じた。

もともと東京五輪のアフリカ予選は、ブルキナファソ、ナイジェリア、ウガンダ、ケニア、南アフリカ、そしてジンバブエの6カ国で開催される予定だったが、ナイジェリア、ケニアが資金不足などを理由に直前で不参加に。対戦カードも急きょ変更され、我々ジンバブエの相手はブルキナファソに決定した。

先発を任せたのは、左投手のクリフ・シャネ・ジェレ・ビンティ。ピカとともに直前の日本合宿に参加した1人で、元々のオーバースローからサイドスローに転向し、制球力が大幅に向上していた。歌手の鈴木雅之を思わせる細面で、私は「ジンバブエの鈴木雅之」と呼んでいた。このクリフが緩いボールを武器にブルキナファソをいなし、5回を自責点1にまとめた。打線もつながり、11対5で快勝。格上と目されていた相手を下したことで、現地メディアにも「Ｂｉｇ Ｕｐｓｅｔ（大番狂わせ）」と報じられた。

快調な滑り出しを見せたが、そこからが難しかった。投手陣の制球力、野手陣の守備力といった不安視していた部分が試合を重ねる中で露呈し、開幕戦の勝利以降は3連敗。そして、ブルキナファソとの3位決定戦を迎えた。

今回、代表監督を任せてもらった私だが、この試合が最後の采配となった。この時点で予選敗退が決まっており、3位決定戦が、このチームで戦うラストゲームだった。

泣いても笑っても最後の試合。私はピカにマウンドを託した。「オレがジンバブエの監督として臨む最後の試合だ。君からのプレゼント（勝利）が欲しい」と告げて。

だが、ピカは懸念されていた制球難を露呈し、無念の途中降板。選手層が厚くないジンバブエを救ったのは、外野手のナタニエル・タシンガ・クツァンザだった。タシンガは、18年夏にモーリスが日本へ練習に連れてきた選手。スラム街の出身で、野球に懸けている男だった。タシンガが慣れないマウンドで気迫の投球を見せ、流れを引き戻す。劣勢から延長に持ち込み、最後は延長11回タイブレークで、相手投手のボークが飛び出し、17対16でサヨナラ勝ちした。初めての甲子園がかかった17年夏の岡山大会決勝で、創志学園のエースのボークを見逃し、ネットの匿名掲示板に「ヘボ監督」「これで甲子園逃したら消えろ」と書かれた私が、今度はボークで勝つのだから、野球は不思議なスポーツである。

ジンバブエの最終成績は、2勝3敗で4チーム中3位。本選出場はならなかった。だが、戦いの中での選手たちの真剣な表情を見ると、彼らはきっと後身に野球の醍醐味を伝えてくれる、もっともっとジンバブエの野球は盛んになると確信できた。私の挑戦を日本のテレビのスポーツ番組が密着してくれ、微力ではあるが、日本国内にもジンバブエの野球、そして世界の野球界の現状を発信することができた。悔いがないと言えばうそになるが、やりきった自負はある。

自分のように日本野球界で選手としての実績がない中で、ガーナ、インドネシア、ジンバブエと、3カ国の代表チームに携わり、五輪予選を戦った人間は過去にいなかったのでは、とも思っている。次にどこかの国から声をかけられれば、喜んで飛んでいくつもりだ。

東京五輪を目指して予選に臨んだジンバブエ代表チーム

第9章

これからの野球の普及

野球普及は「後退」している？

私は大学時代に偶然目にしたテレビ番組でジンバブエ初代野球隊員の村井洋介さんのメッセージを目にし、「世界に野球を広める」という大志を抱いた。そこから、本書を執筆した２０２３年まで、約30年。11年から中古野球道具の発送をはじめ、これまで36カ国の発展途上国にグラブ、バットなどの野球道具を届けてきた。おかやま山陽野球部の関係者以外にも賛同者が現れ、今では県内外のライバル校、地元の少年野球チームなどからも中古道具の提供がある。非常にありがたいことで、言葉では言い表せないほどの感謝の気持ちを抱いている、が、同時に私自身はといえば無力感に苛まれているのも事実だ。「着実に前に進んでいるじゃないか」と思ってくれる読者の方もいるかもしれないが、野球界の現状を鑑みると、野球の普及はむしろ〝後退〟しているようにも感じられるのだ。

多くの人が初めて野球に触れる、野球選手への憧れを抱くきっかけになるのが、テレビのプロ野球中継だと思う。しかし、地上波での中継本数は減少の一途をたどっている。地上波の全国放送の大半を占める〝花形〟だった読売ジャイアンツの中継試合数を例にとっても、01年まではホーム、ロードにかかわらず巨人戦のほぼすべてが中継されていたが、

２０１０年を境に中継数は激減。「テレビをつけたらジャイアンツ戦が放送されている」状態は過去のものとなった。

地上波でのプロ野球中継数の激減に伴い、ＢＳやＣＳ放送、ネット配信での有料視聴の加入者数が増加した時期もあった。また、地方のローカル局での地上波中継試合数が増えていることも見逃せない。04年に日本ハムファイターズが、東京から北海道に本拠地を移転したように、〝地域密着〟の姿勢を強めようと努めたプロ野球界の施策は一定の成功を収めたようにも感じる。

地上波全国ネットからローカル放送、有料放送を含むＢＳ、ＣＳ、ネット配信などに視聴形態が変わっただけで、「プロ野球に興味がある人、見たい人」が激減しているわけではない。こう考えると、さほど大きな問題はないように感じるかもしれないが、地上波のプロ野球中継数の激減が、野球人口の減少に大きな影響を及ぼしていると如実に感じさせられるデータがある。それが、中学生の野球人口、その中でも学校内の野球部加入者数の推移だ（Ｐ２４４【図③】）。日本中学校体育連盟が公表しているデータによると、07年に約30万人いた中学校の野球部員数は、20年に約16万人にまで落ち込んでいる。13年間で、およそ半分にまで減っているのだ。この数字と先程の地上波でのプロ野球中継数の減少を照らし合わせると、幼年期にテレビで野球に触れる機会が少なかった世代の中学進学のタ

【図②】中学校の部活動割合(男子上位)

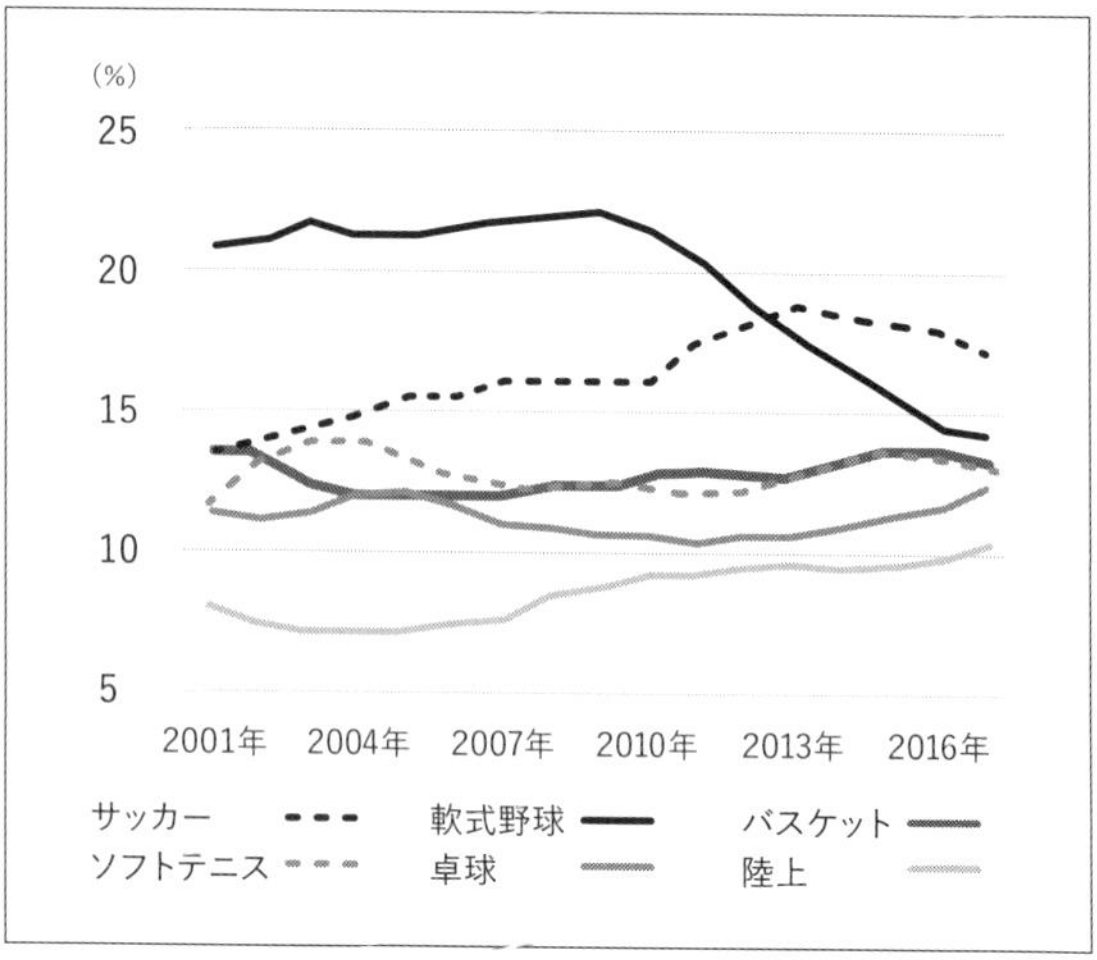

出典：日本中学校体育連盟「加盟校・加盟生徒数調査集計表」をもとに作成

【図③】中学生の野球競技人口の推移

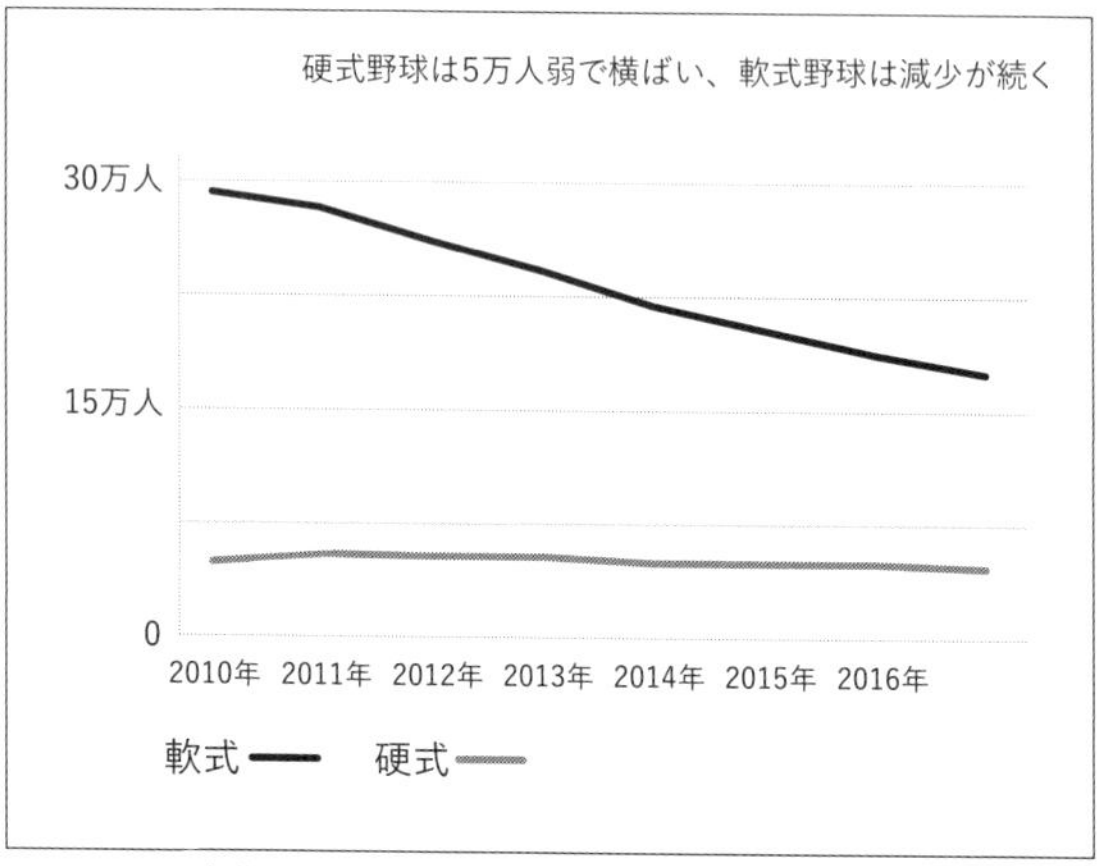

出典：日本中学校体育連盟「加盟校・加盟生徒数調査集計表」
および主要中学硬式野球4団体の資料をもとに著者が作成

【図④】高校野球の部員数推移

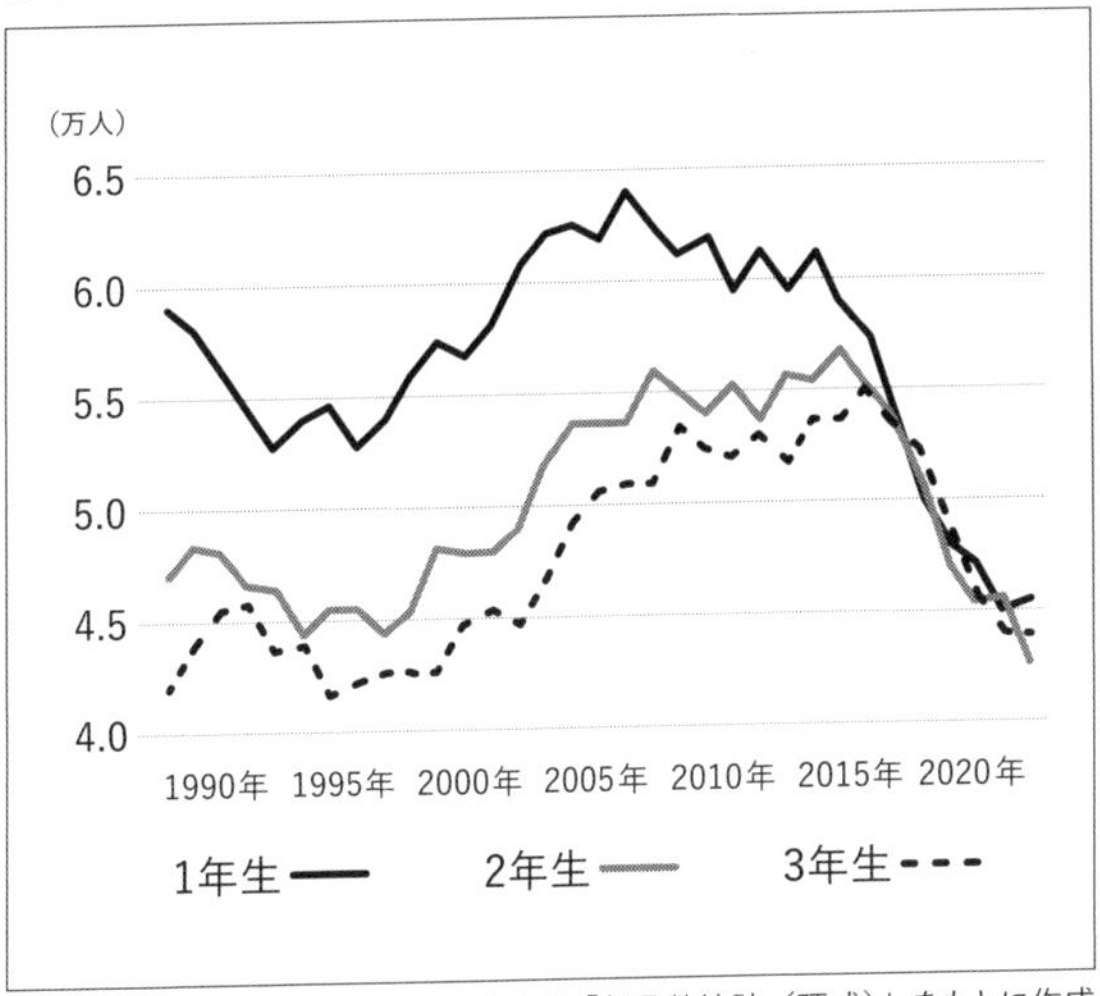

出典：日本高等学校野球連盟「部員数統計（硬式）」をもとに作成

【図②】中学校の部活動では長らく軟式野球部の部員数が圧倒的に多く1位をキープしてきたが、2012年を過ぎるとサッカーに抜かれた。【図③】ただ、学校外の硬式クラブチームの人数はそれほど変化がない。少子化が進んでいる背景を考えればより専門的な指導が期待できる硬式クラブチームの人気や需要はむしろ上がっているとも言えよう。ちなみに高校野球（硬式）の部員数も減少傾向に入ってきている。【図④】2000年代に上昇に転じているのは、継続率（退部をせずに3年間所属する部員の割合）の向上も影響しているだろうイミングと一致する。私個人の経験を踏まえても、最初に野球に興味を持ったのは、テレビで何気なく見ていた阪神タイガースの試合だった。父親に「野球やソフトボールをやれ」と強制された記憶はなく、〝気がついたら〟野球遊びに興じるようになり、チームに入って本格的に競技人生をスタートさせた。多くの人々が野球に興味をもち、私と同じような体験をするきっかけとなったのが地上波でのプロ野球中継だったと思うのだ。少し話が逸れるが、ここ数年、近隣の小学校で「生徒に夢を語る」というテーマで講演を依頼されることがある。講演の開始前に、私が高校野球の指導者であることに気を遣ってか、担当するクラスの担任の先生が児童たちにこんな問いかけをしたことがあった。

「みんなの中で、野球やソフトボールを〝習っている〟人は手を挙げて！」

担任の先生にまったく悪気がないのは重々承知しているが、今や野球はプロ野球選手への純粋な憧れや、「楽しいから」という理由で自然と始めるものではなく、学習塾などと同じような〝習い事〟になってしまったのか……と、思わずがっくりとした。

激減する中学校の野球部員数に反し、ボーイズリーグやシニアリーグなどの学外の硬式クラブチームに所属する中学生の人数は、同じ07年から20年にかけて、約4万人から約5万人へと微増している。「強豪校で甲子園を目指すためにもレベルの高い環境でやりたい」というパターンもあれば、部員数の減少で単独チームが組めないなどの理由で活動が困難な中学校が増え、学外のチームが選択肢に入った例もあるだろう。このような学外の硬式チームの存在で中学野球の人口全体は踏みとどまっているものの、中学校内での軟式野球部は〝崩壊寸前〟と言っても過言ではない。部活動指導の地域移行によって、この流れは加速すると踏んでいる。

地上波でのプロ野球中継数の激減以外にも、以下の項目などが野球人口減少の要因として有識者から指摘されている。

・学童野球でのお茶配りなどの当番制。男親たちでの練習試合の審判の分担。練習、試合への送迎などで生じる親の負担
・中学校教員の労働環境の悪化により、部活動指導にまで手が回らない。野球経験の乏しさや、校務に追われコーチングの勉強時間を捻出できないなどの理由から専門的な指導が難しくなっている
・サッカーなど他のスポーツ、娯楽の台頭による子どもたちの選択肢の増加

どれも看過できない問題であり、加速する野球人口減少に歯止めをかけようと、全国各

地の高野連では幼稚園、保育園などに高校球児が出向いての野球体験会の実施など、趣向を凝らした普及活動を実施している。岡山でも、「キッズベースボール・フェスティバル」と題し、県内を岡山市を中心とした東部、倉敷市や我々の学校のある浅口市などの西部にエリア分けして、野球体験会を定期的に開催中だ。さらに、19年末にはおかやま山陽のグラウンドを会場に、中体連と高野連が史上初の連携を組んでの練習会が行われた。近隣の中学生120人、7つの高校から計120人の高校球児が参加した大規模なイベントだった。こういったカテゴリーの垣根を越えた活動は大切だし、高校でも野球を継続してもらう意味でもどんどんやっていくべきだと思う。

だが、それ以上にプロ野球、高野連などの各種団体に取り組んでほしいと熱望していることがある。それが、各カテゴリーの〝天井〟を高くしていくことだ。

近年、一ファンの目から見ても、プロ野球の〝ワクワク感〟が薄れてきていると感じている。私がジンバブエ代表監督として東京五輪予選を戦った理由の一つに、「野球界の現状に目を向けてもらうきっかけになりたい」というのがあった。東京五輪本選の出場国はたったの6カ国で、これを「世界一を懸けた大会」と言っていいのか。日本プロ野球のペナントレースに至っては、1年という長いスパンを費やすにもかかわらず、決めているのはいまだに〝日本一〟だけ。これでは見る子どもたちが「野球ってすげえな！　おもしろいな」と感じるのは難しいだろう。
そこで私は、以下のような大会の誕生を熱望する。

①中学生、高校生の国別対抗戦
②サッカーのW杯に相当する規模の大会
③クラブチームの世界一を決める野球版「クラブW杯」
④高校野球の春のセンバツ甲子園大会を、現在の学校対抗から、都道府県選抜で争う形式に刷新

まず①の中高生の国別対抗戦について。かつては国際野球連盟（ＩＢＡＦ）が主催し、13年の国際ソフトボール連盟（ＩＳＦ）とＩＢＡＦの統合以降は、世界野球ソフトボール連盟（ＷＢＳＣ）主催で、15歳以下、18歳以下のＷ杯が開催されている。だが、開催は隔年で、参加国は野球の盛んな国を中心に20カ国弱。これでは盛り上がりに欠けると言わざるを得ない。なので、ジンバブエなどの野球の発展途上国も参加できるように大会規模を拡大できないかと考えている。

「実力差がありすぎて、試合が成り立たないのでは？」と不安に思う人もいるかもしれないが、途上国での野球の普及に携わり、現在も高校野球の現場で指導している立場からすると、この二つの年代であれば、きっちりと大会に向けて練習を積めば、そう大きな差は生まれないと感じている。高校生の場合、トップレベルの集団、日本で言うところの大阪桐蔭クラスの選手と途上国の選手を比較すると、当然差は出てしまうだろうが、特に中学生の場合は、途方もない隔たりは生じないと断言してもいい。

中高生年代での世界大会の経験は、野球に限らず先々の視野拡大にもつながると感じるので、ぜひ開催をお願いしたいところだ。

続いては、②のサッカーW杯に相当する大会の発足だ。06年から開催されているワールドベースボールクラシック（WBC）があるではないか、との主張は重々承知しているが、W杯とWBCは一見似ているようで、中身は大きく異なっている。サッカーのW杯を主催しているのは、FIFA、いわゆる国際サッカー連盟。FIFAはプロ、アマ、男子、女子問わずすべて加盟国の連盟、リーグ、クラブの最上位に位置しているサッカー界の最上位機関である。そのFIFAが主催するW杯は、夏冬の五輪に匹敵する、いやそれを凌駕していると言っても過言ではない権威と人気を兼ね備えた大会だ。サッカー界に属している多くのプレーヤーにとって、W杯で活躍することが最大の目標であり、そこで得られる名声は、何ものにも代えられない栄誉なのである。

一方、WBCはどうか。W杯にならい、IBAF、そしてその後継団体であるWBSCが主催しているかと思いきや、そうではない。主催はワールド・ベースボール・クラシック・インク（WBCI）。平たく言うと、メジャーリーグ機構（MLB）とその選手会によって立ち上げられた団体が催している大会なのだ。サッカーで言えば、ドイツのブンデスリーガなどの1国のリーグとその選手会が主催しているイメージに近く、W杯のような権威を持たせるのは加盟国の心情的にも難しいだろう。現にトップ選手が選出されながらも「大会での故障を避けるため」「所属チームの意向で」など、様々な理由で出場を辞退するケースが散見される。

先述の通り、IBAFは野球のW杯を主催していたが、MLBが加盟していなかった事情もあり、実質〝アマチュアの大会〟として運営されていた。13年にWBSCが発足すると、連盟に資金援助したMLBも参画。これで万事解決のように思われたが、WBSCがWBCの開催年を避けて催す国際大会の「プレミア12」に、MLBはトップチームで活躍する、いわゆる〝メジャーリーガー〟たちを派遣していない。結局、国のトップ選手で競う国際大会はWBCに一本化されているわけだ。

野球界の組織はとかく複雑だ。FIFAを頂点とし、見事なピラミッド型の組織図を形成しているサッカー界とは異なり、各カテゴリーで連盟が乱立し、組織図は煩雑となっている。そういった状況にあっても、まず「世界の野球の最高機関」としての背景を持つWBSC主催での最大規模の国際大会の実施、選手たちにとって「何がなんでも出たい。ここで活躍したい」と思わせるような大会の権威づくりを地道に進めていかなければならないと感じている。

22年のサッカーW杯の熱狂的な盛り上がりを見ていて感じたのは、W杯という最大の大会に臨む日本代表の〝ストーリー〟を、多くの日本国民が共有していることだった。1993年のアメリカW杯アジア予選でイラクと引き分け、予選敗退した「ドーハの悲劇」は、私も大学時代のアルバイト中にラジオで聴いてリアルタイムで体験するなど、日本代表が悲願のW杯出場を果たすまでの道のり、〝強くなるまでのストーリー〟を自分達の目で見てきているのだ。それを思うと、日本が世界一に輝いたWBCの第1回大会(06年)は、「突然始まって、いきなり頂上に立った」という印象が拭えなかったし、他国の本気度も伝わりづらく、結果に見合う盛り上がりが生まれなかったという印象が強い。①に関連した提言になるが、「U－15WBC」のように、15歳以下、18歳以下のカテゴリーでもWBCを開催していくのも良いのではないかと思っている。若年層の大会でしのぎを削ってきた国や選手が、年月を重ねて、トップチームで再び対戦する……。こんなシチュエーションが生まれれば、間違いなく熱いし、大会の年輪、ストーリー性も育まれていくのではないだ

【図⑤】日本の野球とサッカーの組織の違い

	野球	サッカー
プロ組織	○	○
プロアマ	部分的交流	全面交流
指導者ライセンス	×	○
年代別ナショナルチーム	大会に合わせて編成	○
統一組織	×	○
国際組織（加盟国・地域数）	WBSC- 約190カ国（熱心なのは30カ国程度）	FIFA-211カ国（連盟加盟国より多い）
中長期間中の有無	×	○

【図⑥】著者が考える日本野球界のあるべき統一組織のイメージ図

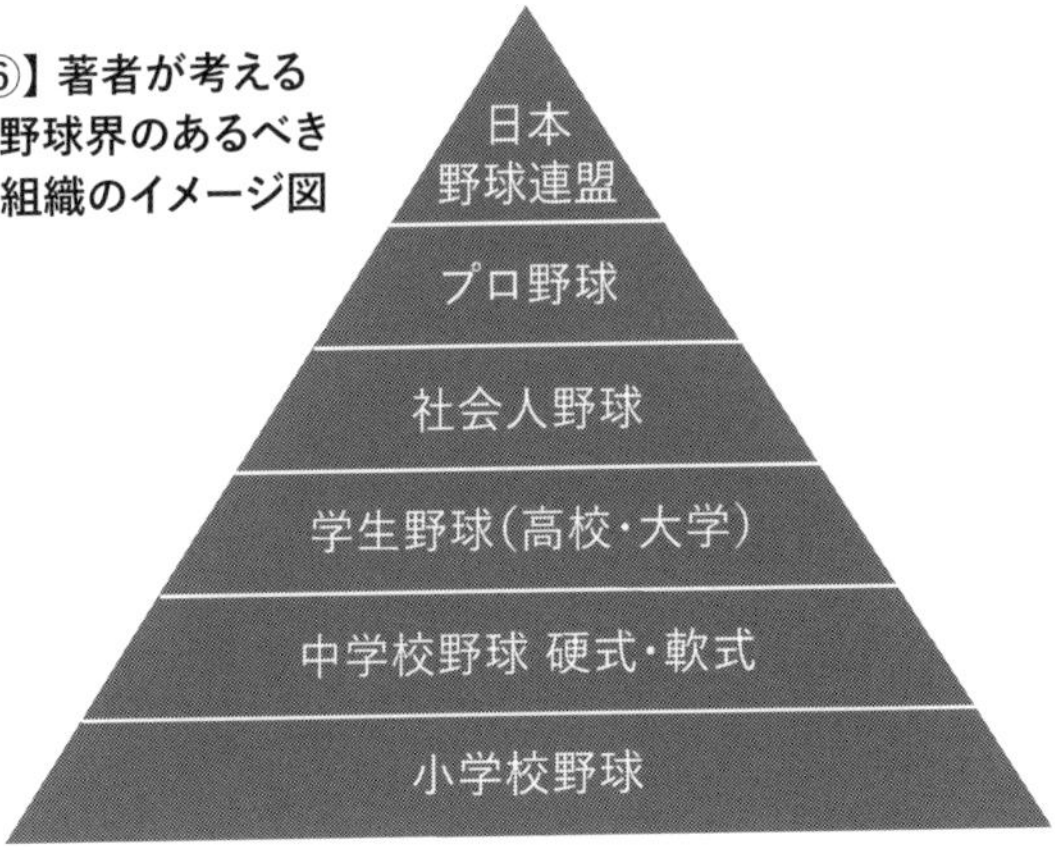

＊いずれも著者作成

ろうか。

「プロ野球よりも高校野球の方が好き」と言ってくださる人がある一定数いる。それは後のない一発勝負の戦いで死力を尽くすさまが見る者の心を動かすのと同時に、プレーをする選手たちが、大学、社会人、そしてプロ野球などの次のステージでプレーする様子を追いかけられる、〝その先〟があるからだと、つくづく思う。見る人たちも長いスパンで、高い目標を追いかけられるような大会が生まれ、皆で育てていく意識が必要だと感じる。

③は高校、大学、社会人などのカテゴリーを超えて、優勝を争う大会が野球界でもできないかという提案だ。上位カテゴリーのチームと戦うことで「上の世界で野球を続ける」ことの意欲が刺激される面もあるだろうし、野球界はとかく所属連盟を跨いでの交流に難色を示しがちなので、世代間での風通しの良さを生むためにもぜひ実現してほしい。さらに、その先に世界中のクラブを相手に世界一を決める大会があれば言うことはないのだが。

④の〝春のセンバツ甲子園改革〟は、春夏の甲子園にそれぞれの意義を持たせようという試みである。センバツは、岡山県の場合は中国大会になるが、前年秋の地区大会を「重要な判断材料」として、読んで字のごとく出場校を〝選抜〟する大会だ。地区によって若干異なるものの、1府県1代表制（東京と北海道は2校ずつ）を敷く夏の甲子園と異なり、秋の結果によっては同一都道府県から複数校が出場したり、様々な工夫を凝らして練習時

間の不足、地理的なハンディキャップなどを克服した学校を選出する「21世紀枠」制度が存在するなど、夏との差別化を現状においても図ってはいる。

だが、敗れたチームの選手たちが「夏も必ずここに戻ってきたい」と語ったり、勝ったチームも「夏に勝てなければ意味がない」と発言したりするなど、どうしても〝夏の前哨戦〟のような雰囲気が拭えない。そこで、私はセンバツを、「岡山県選抜」のように都道府県の選抜チームで優勝を争う大会形式に刷新するのがいいのではと思っている。

都道府県によっては独自に選抜チームを構成し、海外への派遣などを行っているケースもあり、多感な高校生が自チーム以外の選手と交流することは人間的な幅を広げていくためにも、もちろん技術的な向上のためにも非常に大きな効果を持つと感じている。

現役監督が選抜チームを率いると、選手選考にあたって「Aを選んだのに、Bを選ばないのはえこひいきだ」というような批判が噴出してしまう危険があるし、そもそも時間的に余裕もないと思われるので、すでに退職された各都道府県の〝名将〟に任せるのがベストだろう。岡山県にも、倉敷商を春夏7回、甲子園に導いた長谷川登氏ら、現在は指導現場を離れている腕利きの指導者がおられる。この方たちの経験や手腕を眠らせておくのは野球界にとって損失だと思うし、選抜チームの指導をしてくだされば、選手や私たち現役指導者にとっても大きなメリットがある。

選抜チームの形をとれば、所属チームでの甲子園出場が難しい選手にも甲子園の土を踏むチャンスが生まれるし、各都道府県選抜で戦うことで、前出の国際大会に臨む高校日本代表候補の選出もスムーズに行えるだろう。

小学生時代、私はプロ野球の日本シリーズが楽しみで仕方がなく、時に正座しながらテレビで戦況を見守った。セ、パ両リーグのスター選手たちがシーズンでは見せない、どこか殺気だった空気をまとっていたのが、たまらなくカッコよく見えたものだ。

ブラウン管の奥の熱戦に目が釘付けになった、あの日の私のように、子どもたちを興奮させ、野球の世界に誘うような熱い戦いの場が整備されることを願ってやまない。

私たちが取り組んでいるＪＩＣＡの「世界の笑顔のために」プログラムを活用した中古野球道具の発送以外にも、それぞれに目的意識を持って野球の普及に尽力している人々は、決して少なくない。ただ、非常に気がかりなのが、その多くの活動が無給、〝ボランティア〟で行われていることだ。日本では、しばしば「金儲け＝悪」とみなされる。特にこういった慈善的な活動は、無給であってしかるべきという風潮すらある。

だが、活動に関わるすべてがビジネスとして成立しなければ、活動を永続させていくことは不可能だし、最大限の効果を発揮することもできない。各人の好意はありがたく受け取るべきだが、そこに依存するのではなく、いかに普及活動を野球界の組織発のオフィシャルなものにしていくかが、今後の野球界の命運を握っていると言っても過言ではない。

理想はこういった活動をビジネスマネジメントの感覚を持って統括できる人材を高野連などの組織に送り込んでいくことだ。しかし、高校野球界に身を置いてすっかり長くなった私も理解できるのだが、学生野球を中心としたアマチュア畑の人間からすると、〝マネジメント〟という言葉に拒否反応、嫌悪感を示してしまうケースが少なくない。多くは公立校の教員＝公務員であるから、余計に金銭が絡む事態に及び腰になる。ビジネス界で経験を積み、アマ球界を支える教員サイドの心情を理解できる立場の私としては、高校野球とビジネスをつなぐ存在になりたいし、私自身の発言に、高知の甲子園常連校・明徳義塾の馬淵史郎監督、広島の名門・広陵を率いる中井哲之監督のように大きな影響力を持たせるためにも、甲子園に出て勝ち星を積み上げねばならないと感じている。

プロ野球界に求めたいこと

先立つものがなければ、活動の幅も制限される。ここからは、野球の普及に向けた財源の確保について検討していきたい。

412億円。これがなんの数字かわかるだろうか。私の社会科の授業であれば、ここでしばしの「シンキング・タイム」を設けるが、読者の皆さまを焦らすのも野暮なので、答えを明かそう。これは2023年度のプロ野球選手の総年俸（日本プロ野球選手会）である。ここから各人3パーセントを徴収すると12・3億円。もちろん個々の年俸額に応じて徴収率を調整するなど、〝傾斜配分〟は必要になるが、プロ野球選手がほんの少し協力してくれるだけでこれだけの金額になるのだ。年俸の多くが税金で徴収されてしまうのだから野球界への恩返しと考えて、プロ野球の選手会が一肌脱いでくれやしないか……と期待しているのだが。

また、不景気が叫ばれる昨今、難しい部分もあるだろうが、プロ野球12球団からそれぞれ1億円ずつ、スポンサー企業を中心に民間各社から計10億円、野球用品メーカーからも寄付を募ることができれば理想的だ。

「あれだけビジネスにしないといけない、と言ってきたのに寄付頼みじゃないか」と読者には反論されてしまいそうだが、もう一つ大きな起爆剤がある。第6章でも〝激推し〟した野球版トトカルチョである。22年度、サッカーの「スポーツくじｔｏｔｏ」の売り上げが1114億円（独立行政法人日本スポーツ振興センター）。もし高校、大学、社会人、プロの全カテゴリーで実施すれば、これをしのぐ売り上げをたたき出せると私は思っている。無論、八百長などの不正が発生しない仕組みづくりは厳重に行う必要があるが、それを補って余りある財源になり得る。

続いては、プロ野球選手のセカンドキャリアと野球の普及活動のマッチングについても触れたい。日本野球機構（ＮＰＢ）の発表によると、22年度時点、プロ野球選手の平均在籍年数は７・７年、戦力外となった選手の平均年齢は27・８歳。私の教え子の藤井皓哉がプロ６年目を終えた24歳で広島から戦力外通告を受けたときにも痛感したが、一握りの選手を除けば、多くの選手が若くして球界を離れることになる。

引退後の人生も様々だ。球団職員として残れる者もいれば、社会の右も左もわからぬまま、職を探さねばならない者もいる。そして悲しいことに、道を誤って犯罪に手を染める者がいるのもまた事実だ。「プロ野球選手　犯罪」でインターネット検索をすると、想像以上の件数がヒットし、いたたまれない気持ちになる。

やりがいのある仕事があれば、このように道を間違える者も減るはずだし、日本野球界の最高峰で戦った経験を眠らせておくのはもったいない。そこで、各球団の親会社の事業で、発展途上国、野球後進国で行っている事業があれば、そこに引退した選手を派遣してみてはどうかと考えている。

例えば、千葉ロッテマリーンズであれば、親会社のロッテはチョコレート菓子の原材料となるカカオをガーナで栽培している。そこで、千葉ロッテで現役を終え、セカンドライフが定まっていない選手を、ガーナに派遣し、仕事と現地の子どもたちへの野球普及に従事させるというわけだ。

この制度の実現にあたって不可欠なのが、各企業の理解はもちろんのこと、選手自身が「大好きな野球に恩返しがしたい」という思いを持っているかどうかということだ。そのためには、私がスポーツマネジメントをしていた際に重視していた。「死ぬ直前から逆算した、縦のライフマネジメント」が重要になってくる。

プロゴルファーの諸見里しのぶを担当していた際、「今、あなたは棺桶に入っている。のぞき窓からどんな人が見えますか」と問いかけたことがあった。しのぶは「たくさんの友達と家族がいます」と答えた。そこから、そうなるには、どんな老後を過ごさないといけないか、その老後を過ごすためには、引退後どんなセカンドライフを送らないといけないか、そのセカンドライフを送るにはどんな現役生活を送って、どんな選手にならないといけないか。強いプロになるにはどうならないといけないか……というふうに、逆算して人生設計を描くのだ。一覧にすると、以下のようになる。

寿命（死）：良い競技生活だったな〜。楽しかったな〜

老齢期：近所の子どもに競技の楽しさを伝えよう
中年期：現役時代のキャリアを生かして、バックヤードで活躍する
現役期：自分の限界を迎えるまで頑張り、充実した現役生活（メッセージ性のあるアスリートとして活躍する）
ジュニア期：優秀な指導者の下、最高のプレーを追究する
スタート期：父親、兄弟、祖父にゴルフを楽しむきっかけをもらう

そして、この競技人生を野球で送ろうと思った場合、これまで述べてきたような国際大会、野球界全体での財源確保はもちろんのこと、ジュニア期を支える指導者を充実させるための優秀な人材も必要になってくる。そのためには、指導者が絶えず学ぶ意欲を生み出すための「ライセンス制度」を野球界でも設けるべきと感じている。制度ができたらできたで、「どこがライセンスを発給するか」で揉めるのは目に見えている。なので、ライセンスを出すのは野球界のトップ、すなわち全日本野球協会にすべきだ（高校野球部が所属する日本高野連も、この全日本野球協会に属している）。そのためにも現在は多くの規定でしばられているプロ、アマ球界の距離を縮める必要があるし、サッカー界のように明確なピラミッド型の組織づくりを推し進めていかなければならない（P253【図⑤⑥】）。

ここまで長々と書いた私の施策以上に、野球普及に抜群の効果を発揮するものがある。それが、誰もが認める〝スーパースター〟の登場と活躍だ。

23年のWBC日本代表にエンゼルスの大谷翔平選手が選ばれた。日本球団との強化試合から強烈な本塁打を連発し、最後はアメリカとの決勝でクローザーとして登板。チームメートでMLB最強打者とも呼ばれるマイク・トラウトを空振り三振に仕留め、チームを世界一に導き、自身はMVPに輝くという、フィクション顔負けの大活躍だった。

我々日本国民の盛り上がりもここ数年の野球界では突出していたし、大谷選手の活躍から、「野球をやりたい！」と思ってくれた小学生も多いと聞く。稀代のスーパースターの誕生は、あれこれ頭をひねって絞り出した施策を軽く飛び越えるのだと実感した。この光景を見て、少し前にテレビ番組で見た光景がフラッシュバックした。

その番組は芸能人志望の一般人がオーディションを受けるという内容。その中に有名企業勤務で歌手志望の女性が参加していた。素人が聴いても歌唱力はあるし、ルックスも申し分ない。「この子は通るだろうなあ」と思っていたら、審査員の1人である有名歌手がこう言った。

「あなた、一流企業で働いていて、家も裕福なんですね。しかも顔もキレイ。なんで歌手になりたいの？」

女性が答える。

「歌うことが好きだからです！」

するとと、有名歌手が言い放った。

「そう。なら趣味でやりな。オレらは欠けているものを補うために歌ってるんだよ」

聞いていて鳥肌が立った。ある分野で常人離れした能力を持つ人は、一方で何かしらが欠けていることも少なくない。私がビジネスマン時代に出会ってきた人の中にも、類まれな才能を持つ一方、著しく社会性が欠けている人がいたりもした。だが、それでいいのだ。すべてが平均的でなくても、突出した「何か」が一つがあるから、見る者に想像のつかない驚きと感動を与えられる。もちろん犯罪行為などは許されないが、スポーツ選手やエンターテイナーたちは、自分の持ち場で最大の力を発揮すれば、なんの文句を言われる筋合いはない。

それが、皆スマートフォンを持ち、「1億総メディア時代」「相互監視時代」などと言われる今の日本はどうだ。素晴らしい演技の才能を持つ俳優が、プライベートの不貞行為で、なんら迷惑をかけていない他人から糾弾される。プロ野球選手たちも私生活からファンの目にさらされ、グラウンド以外の部分であれやこれや注文を付けられる。必要以上の清廉潔白さを求められ、出来上がったのは量産型のおもしろくない人間ばかり。こんな世界に誰がワクワクするというのか。

　思えば、私が昔のプロ野球にワクワクしたのは、「朝まで酒を飲んでいたのに、その日の試合でホームランを打った」「一睡もせずに完封した」「高橋慶彦さんはモテモテで、夜の〝名球会〟だった」のような、昭和のプロ野球選手たちの〝超人エピソード〟に触れたときだった。

　一方、今のプロ野球選手は、しっかり自分の体のケアをして、酒ではなくサプリメントを飲み、キャンプイン前にも粛々と練習。優等生そのものだ。そこまでやらないと通用しないほど野球のレベルが上がっているのは重々わかっているが、「夢を与える」立場の彼らがもう少し破天荒であれば野球界も変わる……のかもしれない。

終章

あなたの夢はなんですか？

「幸せ」の定義

「あなたの夢はなんですか?」

突然の質問に戸惑った読者がいたら申し訳ない。大きさは問わないので、今自分の中にある「こういうことがしたいな」「こんな存在になりたい」という目標、〝夢〟をイメージしながら、この1冊を締めくくる本章を読み進めてほしい。

幸せってなんだろう、と思うことが時々ある。おかやま山陽の選手たちに、「幸せになるとは、どういうことか」と問うと、しばしば「お金持ちになることです!」と返ってくる。だが、お金をたくさん手にすること、言い換えれば〝豊かになること〟と幸せは、決してイコールではない。私はこれをビジネスマン時代に、ひしひしと感じた。アサヒ緑健の「緑効青汁」のドキュメンタリー風通販番組の制作に奔走していたときのことだ。

番組を作ってくれたのは、テレビ番組『奇跡体験!アンビリバボー』を手がけた敏腕制作チーム。フリーランスの立場で番組を手がける彼らは、同年代の会社員たちの平均年収を優に上回る〝売れっ子〟だった。番組は、全国ネットでゴールデンタイムに放送され、今も、人気を博している。たくさんのお金と世間からの名声を得た彼らは、当然さぞ満足しているものと疑わなかった。だが、仕事を通じて彼らと深く関わるようになると、彼らに対する見方が変わってきた。売れっ子ゆえにプライベートの時間もほとんどないくらい多忙だし、フリーランスで活動しているといっても、彼らは自分の表現を思いのままに発散する〝アーティスト〟の部分だけでなく、テレビ局の求めるものを高いクオリティーで作り上げることを期待される〝職人〟の側面も持っていなければならない立場だ。決められた枠の中でベストを尽くしているとはいえ、自分の理想を100パーセント表現、反映させることが許されない場面も往々にしてある。その葛藤からか、誰もがうらやむ〝豊かさ〟は持っていたが、〝幸せ〟でないように見える瞬間も多々あった。なんなら、私は同時期に第一子の長男・尚虎が誕生していたので、「ひょっとしたら自分の方が幸せなんじゃないか?」と思ったくらいだ。

自分自身を例にとっても、ビジネスマン時代には想像もしていなかったスケールのお金、人を動かして事業を成立させることができ、充実していたし、純粋に楽しかった。だが、出張で全国を飛び回り、妻と長男が待つ自宅に帰るのは多くても週2、3日。初めての出産、育児で不安だらけだった妻に寄り添うこともできず、尚虎にもさみしい思いをたくさんさせてきた。家族と過ごす時間を取れない状況は、決して幸せではなかったように思う。

高校野球の監督に転身してからも、常に土・日曜は練習、もしくは試合。休みの日に一家で遠出をしたり、家族旅行をしたり、という一般的な家族サービスはほとんどできていない。三番目の子どもで長女の百々《もも》が幼かったころは、台風で雨天時のメニューをこなすことも難しく、練習がオフになった休日にマクドナルドに行くのが恒例だったが、「お父ちゃんと一緒のときって、いっつも雨か台風やな！」と鋭い指摘をされたりもした。私の父は寡黙で、幼少期に父と遊んだ記憶があまりなく、自分の中で〝子煩悩な父親〟を明確にイメージしづらいという背景もあり、長男、次男、長女の3人に対してちゃんとした父親になれていたのか、正直自信がないところもある。

だが、部長の小泉清一郎先生と「自分の子どもを入れたくなるような、自分の子どもが入りたくなるような野球部にしよう」とチーム改革を進め、実際に尚虎はおかやま山陽野球部の門をたたいた。入学、入部にあたって、私が「絶対的なエースで4番になるような選手でなければ、息子であるお前を公式戦に出場させることはない」と言ったにもかかわらず、だ。明徳義塾の馬淵史郎監督、広陵の中井哲之監督たちのような、世間がうらやむカッコいい〝親子鷹〟ではなかったし、在学中は帰宅してもほとんど言葉を交わさなかった。それでも、尚虎の人生で1度しかない高校時代を一緒に過ごせたことは父親として何物にも代えがたい喜びだったし、レギュラーを獲ることは叶わなかったが、ブルペン捕手など、献身的にチームを支えてくれた姿は私の誇りだった。卒業後は大阪経済大に進学し、同大学で初めての学生コーチを務めた。2024年春に大学卒業予定だが、卒業後は私と同じく青年海外協力隊員として野球普及に携わる道にも興味を持ち、試験にも見事合格した。帰省して家で顔を合わせると、相変わらずお互いに憎まれ口をたたいているが、福岡時代にはほとんど持てなかった〝親子の時間〟はうれしいものだ。

幼少期から、どのスポーツをやらせても軽々とこなす身体能力があり、私が密かに野球選手として大成すると期待していたのが、次男の尚徳《ひさのり》だった。尚徳はソフトボールチームに所属していた小学校時代、外野を守っていた際に「打球が飛んできそうにないから」という理由で、グラブを頭に被って佇み、指導者から大目玉を食らったりと、非常に変わった子だった（若かりしころの私と似ていると感じた読者もいるかもしれない）。

高校は、当初受験するつもりだった公立校よりも「おもしろそうな学校だから」と、おかやま山陽に入学。結局野球部には入らなかったが、在学中に発足した「ｅスポーツ同好会」にやりがいを見つけ、中四国王者に輝くなど、思わぬ才能を発揮した。調理科に在学していたが、これまた「おもしろそう」と物理学科に興味を抱き、3年生に進級してから本格的に受験勉強をスタートすると、現役で国立大の理学部に合格してみせた。親の私の想像通りに進まない男である。

会社でトップの営業成績を収めていたビジネスマン時代は、様々な企業の要人と接する仕事柄、華やかなネオン街を練り歩き、会社の経費で飲み歩くことができたが、福岡時代と岡山県に来た今、どちらが幸せかと問われれば、私は迷わず後者と答えるだろう。家族との関わり合いもそうだし、「野球の普及、自分たちの活動を知ってもらうために甲子園に行く」という目標が明確になり、2度、甲子園に出場したことで、想像していた以上に多くの人々に喜んでもらえた。チーム内でも、就任初期からタッグを組んでくれている小泉清一郎部長、縁のない岡山に付いてきてくれた斎藤貴志、OB指導者として貢献してくれている三谷大介、采配について無知だった私に知識を授けてくれた本池義人さんたち、現在もチームを支えてくれているコーチ陣を含めた「おかやま山陽野球部を強くしたい」という思いを共有する歴代のスタッフに恵まれ、今がある。「エネルギーのある所に人が集まる」と実感すると同時に、監督として、これからもそんな存在でありたいと思うし、思いを共有できる人々と過ごす毎日は本当に充実している。私なりの答えだが、自分の夢を全力で追うことができ、その結果、色々な人々に喜んでもらえる日々こそが〝幸せ〟なのだと思っている。

私の夢は本書でも繰り返し述べてきたが、「世界に野球を広める」ということだ。大学時代に偶然目にしたテレビ番組で、初代野球隊員の村井洋介さんの「道具がない、グラウンドがない、お金がない。そんなことは問題じゃない。最大の問題は、自分の後、野球を教えに来てくれる日本人がいなくなることなんだ」というメッセージを目にし、かつてないほどの衝動に突き動かされて以降、一時たりとも変わらない私の使命である。〝使命〟の文字通り、残りの人生をかけて、命を使って実現に向けて邁進する覚悟だ。

この目標を達成するため、中古野球道具の発送など、おかやま山陽野球部が取り組んでいる活動を広く知ってもらうために、甲子園に行くことが必要だと気づいた。それから、勝つために、魅力ある野球部にするために、２００８年に「10年以内に達成する」三つの目標を宣言した。第5章に詳しく記したが、ここでも今一度おさらいをしておこう。

①プロ野球選手を輩出する
②甲子園出場
③部員１００人超え。その人数でも全員が練習できる環境を整える

14年のドラフト会議で藤井皓哉が広島から指名され、まず一つ達成。藤井のプロ入りでおかやま山陽に憧れを持って入学した選手たちが3年生の17年夏に、甲子園初出場。そして、初のセンバツ出場から岡山に戻ってきた18年春に、41人の新入部員を迎え、3学年で総勢106人となり、目標の10年から1年遅れだったが、三つの宣言をすべて達成した。「叶う」という漢字は口に十と書いて「叶」。言葉、漢字というものは本当によくできていて、「自分の夢を10回、口で唱えれば叶う」ことを表していると、私は解釈している。

事実、〝宣言〟として、三つの目標を周囲に繰り返し、繰り返し唱えていたら、本当にすべて叶えることができたし、「五輪代表チームの監督になる」という目標まで達成できた。

もう一つ、よくできた漢字を紹介しよう。「必ず」の「必」を見ると、「心」に1本の線を加えてできているとわかる。おかやま山陽野球部の部訓39条には、こう記している。

「心に一本筋を通すと〝必〟になる＝心に本気で決めたことは、必ず実現する」

本気でやると心に決め、周りに語り、実現に向かって努力すれば、必ず夢は叶う。そこで私は2008年の三つの宣言達成後、「次の10年で達成すべき目標」として以下の五つを宣言している。

① あと5度、甲子園に行く。次の出場時に3勝する

② プロ野球選手を3人輩出

③ 教え子から5人、青年海外協力隊員を送り出す

④地域クラブとして発展。地元の子どもたちのジュニア、ユースチーム、高校野球引退後の選手が活躍するクラブチームを併設し、ピラミッド型の組織を作る

⑤親友の青柳博文監督が率いる健大高崎と甲子園で対戦し、勝つ

プロ野球選手の輩出を目指しているのは、彼らが日本国内最高峰の舞台で活躍し、発言力を持った上で「世界の野球普及」「野球界が直面している窮状」を周知する〝広報〟的な役割を担う人材を増やしたいからだ。

20年に右の長距離砲の漁府輝羽、21年には140キロ台後半の速球を投じていた本格派右腕・大槇優斗がプロ志望届を提出したが、残念ながら指名漏れ。私の指導力不足がすべてだが、藤井以降はプロ野球選手を生み出せていない状況だ。漁府は私の母校である東北福祉大、大槇は金沢学院大でプロ入りに向けて研鑽を積んでいるし、18年春のセンバツでエースだった有本雄大も、最速150キロ超の剛球を武器に社会人野球のヤマハで活躍中。彼らのドラフト指名を期待しつつ、現チームにも数名いる、プロのスカウトがマークする好素材たちを高卒プロに導けるように指導していく所存だ。

おかやま山陽野球部の大きな指導哲学に「国内外で世界の野球普及に貢献できる人材の育成。野球を通じて広がった世界観を持った人材の社会への輩出」がある。国内で野球普及の大切さを説くためにも大きな存在となるプロ野球選手だけでなく、海外で実際に普及、指導に携わる人物も育成していきたい。本校を12年に卒業した上戸翔太が青年海外協力隊員としてマレーシアに派遣された。23年度には、17年夏の甲子園初出場チームの主将だった川田友の兄・健がコロンビアで野球普及に携わる予定であるのに加え、長男・尚虎も試験を突破。世界の野球に目を向けるおかやま山陽野球部OBから、あと2人と言わず、1人でも多く現地指導に携わる人材を輩出したい。

④は、昨今の〝野球離れ〟を食い止めるために重要になると直感している施策だ。地域との関係が深い高校野球部のチームを軸に、高校前後の野球環境、小・中学生向けのジュニア、ユースチーム、高校卒業後に地元に残る、もしくは進学した大学を卒業後もプレーを続けたい選手たちの受け皿となる社会人クラブチームを併設する。〝ワンストップ〟で野球を継続できる組織のモデルケースを作りたいと思っている。私の就任当初、おかやま山陽のチームカラーは黒だった。赤に刷新したのは、前述した通り、あえて目立つ赤の甲冑で戦場に繰り出した「真田の赤備え」のエピソードが好きであること、自分が携わったジンバブエ、ガーナ、インドネシア代表のユニホームが、いずれも赤だったこと、海外に出たことで強まった愛国心から、日の丸の赤をイメージして……など複数の理由がある。その中の一つに、学校のある浅口市、隣接する倉敷市玉島地区の複数の中学生チームが、

赤をチームカラーにしていたからということもある。同じ地域のチームとして、親しみを持ってほしいと思っての変更で、今思うとピラミッド型組織構想の源流とも言える。

①はなんとしてでも、本書の発売直後の23年夏に達成したい。というのも、おかやま山陽の前身である岡山県生石高等女学校が創立されたのが１９２４年3月。23年は創立１００周年のメモリアルイヤーなのだ。この記念すべき年に春夏合わせて3度目の甲子園出場を果たし、学校関係者、在校生はもちろんのこと、野球部ＯＢ、多くの卒業生に喜んでもらいたい。そして、大学時代に偶然同じアパートに入居していた縁から始まり、お互い高校野球の指導者となった現在も交流が続く青柳博文が率いる健大高崎との甲子園アベック出場、対戦、そして勝利を挙げられれば最高だ。甲子園に関連して、もう一つ。実は、長女・百々は現在大阪桐蔭の女子サッカー部でプレーしている。22年に、私が率いるおかやま山陽が、秋の県大会初優勝を果たした後、百々が廊下で大阪桐蔭の西谷浩一監督とすれ違った際、「お父さん、良かったねぇ」と声をかけてくれたそうだ。願わくば、娘が大阪桐蔭に在学している間に、甲子園で対戦したい。

22年秋の中国大会準々決勝で、我々は鳥取城北に0対4で敗れた。その鳥取城北は準決勝で、優勝した広陵に6対8で惜敗するのだが、3度リードを奪う立ち回りを見せた。そして、広陵は明治神宮大会の決勝で、大阪桐蔭に一時5点リードを奪った（最終的に5対

6で敗戦）。こう辿っていくと、大阪桐蔭に善戦した広陵を追い詰めた鳥取城北相手に、敗れはしたものの、競《せ》った試合に持ち込んだ我々も大阪桐蔭に食らいつけるのではないか……と少し期待している。この〝超・三段論法〟はさておき、私の就任当初は大阪桐蔭と甲子園で対戦して勝つなんて、まさしく〝夢物語〟だったが、年月を重ね、今は「やってみなければわからない」と思えるところまでは来られたのかな、と思っている。だからこそ、甲子園で戦ってみたいのだ。

23年5月には、夏前に急成長を見せ、初の甲子園出場の原動力となった大江海成が、久しぶりにグラウンドを訪ねて来てくれた。故障が原因で進学した日本文理大の野球部を途中で退部した負い目からか、「もう気にしなくていいから」と言っても、なかなか姿を現さなかったのだが、挨拶と後輩たちの激励に来てくれた。第5章でも触れた通り、大江は3年生の5月上旬まで最速120キロ台後半の、どこにでもいる投手。それが、5月中旬に135キロ、6月末138キロ、岡山大会決勝で140キロ、甲子園で143キロ……と、約2カ月で約15キロも球速がアップした。選手たちには、大江のエピソードを紹介し、「高校生は夏直前の50日間で、激変する！」と力説している。

このエピソードは毎年紹介しているが、本人が語るとなると、やはり説得力が違う。選手たちが目を輝かせて聞きいる姿を見ると、いよいよ甲子園に〝呼ばれた〟気がした。

長くなったが、私の目下の最大の夢が、創立１００周年の甲子園出場。これは是が非でも叶えたいと思っている。

ここで、もう1度聞こう。

「あなたの夢はなんですか？」

どんな夢でもいい。周りから笑われるような大言壮語だってかまわない。私もおかやま山陽を率いた当初、「岡山高校野球界の悪の枢軸国」と罵《ののし》られ、三つの宣言をしたときは「できるわけねかろう（『できるわけがない』の岡山弁）」と笑われた。私の好きな曲、ＧＩＬＬＥ（現・ＪＩＬＬＥ）の『Ｔｒｙ Ａｇａｉｎ』には、こんな歌詞がある。

「今から夢を見たっていいんじゃない？　走り出した君は止まんない　Try Again oh 笑われるくらいで丁度いいんじゃない？」

そう、夢は笑われるくらいで丁度いい。周りが無理だと思うくらい大きな目標だからこそ夢なのだ。

思い浮かんだ夢を心に留めて、もしくは決意を揺るがせないために、このページの余白にあなたの夢を書き込んでもらってもいい。そして、数年後、十数年後でもかまわない。あなたの書棚からこの本を取り出して、私の夢である宣言五つと、あなたの夢が叶っているか確かめてほしい。夢の実現の後押しになりそうな部訓を一つ紹介しておく。

「夢は逃げない、自分が夢から逃げるだけ。夢を持つ人10000人、夢に向かって行動する人100人、やり続ける人1人」


以前、知人の野球ライターから「堤監督、書籍を出したい気持ちはあるんですか？」と尋ねられたことがあった。そのとき私は「出すなら甲子園で勝ってからだな」と、一丁前に宣言したのだが、結局甲子園で勝ち星を挙げぬまま本書の刊行となった。なぜ元々の考えを曲げてこのタイミングで出したのかというと、本書の発行元である東京ニュース通信社に勤務する、千歳高校時代の同級生である船木圭子さんから「堤くん、本を出さない？」と持ち掛けられたのがきっかけだった。なんでも、私の独特な経歴が社内で話題に上ったとのことである。卒業以来ほとんど交流のなかった同級生が勤める出版社で、そんな話が持ち上がるのは、今までの人生の節目、節目で恵まれた〝縁〟と同じもののように感じられた。そこで、現在野球界が直面している未曾有のピンチに警鐘を鳴らす意味で、慣れない筆をとらせてもらった。あとはしつこいようだが、２０２３年夏に甲子園出場、初勝利を挙げ、以前の宣言と帳尻を合わせたいところだ。

この本を手に取った読者の多くは、野球をやってきた、もしくは野球が好きな人だと思う。私は幼少期から野球を通じて数多くのことを学び、野球があったから尊敬すべき方々、生涯を通じての友人と言える人々に出会うことができた。本書を通じて皆さまと出会えたのもまた、野球のおかげだ。

無数の感動を生み、私の人生を彩り、生き方を変えてくれた野球というスポーツの素晴らしさを、日本、そして世界の一人でも多くの人に知ってほしい。この思いに共感してくれる人が増え、私の「世界に野球を広める」という夢が、みんなの夢へと変わってくれたら、きっと今までにないパワーが生まれ、日本野球界が良くなっていくと信じている。

この度は、私、堤尚彦の拙著を手に取り、最後まで読み進めてくれたことに感謝申し上げたい。そして、あなたが再びこの本を開くとき、あなたと私の夢の両方が叶っていることを願っている。

２０２３年７月

堤　尚彦

おかやま山陽　硬式野球部 部訓

本野球部の指導方針は、この66カ条の部訓に凝縮しています。野球で人間形成などという大きなことは言えませんが、人間がその短い人生の中で腹の底から大好きなことが見つかったならば、人間はその大好きなこととそれに関係する生活の全てにおいて、無理することなく謙虚に素直に向き合えると信じています。こういうことが理解できる仲間ともがき苦しむ3年間であって欲しいと思います。

1：日本一になろう！と本気で考えている。
2：闘志なき者は去れ！
3：このチームを他人に自慢できる。
4：人間が唯一平等なものは一日が24時間であることを知っている。
あとは、自分自身がその時間をどう分配するかだ。
5：野球を楽しくできないものは、やらなければよい。楽しくとは、
我を忘れるぐらい夢中になり悪戦苦闘することで、決して楽でも苦労でもない。

6：やらされているか、やっているのかの違いは
　自分の意志があるかないかだけであることを知っている。
7：全員がキャプテンのつもりで行動している。
　常に全体と自分のことの両方を考えている。
8：評価は他人がするが、正しいかどうかは自分が決める！
9：自由と勝手の違いを知っている。
10：マイナスをプラスに変換する知恵と力を持っている。
11：楽して勝てず、楽しまずして勝てず。
12：良い雰囲気→良いリズム→良いプレー→ファインプレーや得点→勝利
　という公式を知っている。また、その逆も知っている。
13：チームの雰囲気を変える前に、
　自分の雰囲気を変えることが優先であることを知っている。
14：甲子園を愛しているのではなく、野球を愛している。
15：24時間以内に起こった小さな幸せを、いつでも言える。
16：野球バカにはならない。野球オタクにはなりたい。
17：基本という英単語は、Ｆｕｎｄａｍｅｎｔａｌであることを知っている。

18：心のこもった挨拶、握手の仕方を知っている。
そして、Fun（楽しい）、Mental（心）という二つの単語から
できていて＝『楽しむ心』が全ての基本であるという意味を熟知している。
19：常に凛としている。
立振舞い・言動・行動を近くで見ている、もう一人の自分がいると信じ込める。
20：『姿即心』の意味を知っている。
21：挑戦しない、考えない、手を抜く、言い訳、屁理屈、嘘、暗い、愚痴、噂話、
不平不満、妬みしか口から出ない人、態度に出る人を見ると、
とてつもなく哀れに感じる。自分がそうなってしまったときは大いに悔やむ。
22：与えられた環境・条件が如何に厳しくとも最大限の知恵と行動で乗り切る。
また条件の厳しさが増すほど、その状況を自分の能力と運命への挑戦と受け取り、
思いっきり楽しもうとする。
23：平均寿命が34歳の国が、地球上にあることを知っている。
24：人生は一度きりだということを強く意識している。
旅でもいいから、世界を見に行く。
25：ルールは盲目的に従うものではなく、自分たちで創るものである。

26：集団の規則やルールの数が多ければ多いほど、
その集団のレベルが低く、恥ずべきことだと知っている。
27：努力とは時間を短縮することであることを知っている。
28：難しいことを易しくする、易しいことを深くする、深いことを楽しくやる、
楽しいことを真面目にやる。
29：常にSTRONG STYLE。
ぶれない、逃げない、媚びない、受けてたつ、堂々と。
30：このメンバーに出会うには、地球の誕生から考えて、計算できないような
途方も無い偶然の確率であるが、それを必然と感じることができる。
31：守破離『守』は、師匠の流儀を完璧になるまで繰り返し習うこと。
『破』は、師匠の流儀を極めた後に、他流を取り入れること。
『離』は、今まで学んだことを集大成し、オリジナルなものを創造すること。
32：型破りな選手になりたい。
そのためには、破るための型を身に付けなくてはならない。人生も同じ。
33：孝仁礼　『孝』は、親子愛・祖先愛など普遍的な愛情。
『仁』は、孝を他人にも感じるようになる事（＝思いやり）。

『礼』は、目に見えない仁を形にすること。だから、形だけの礼儀は要らない、礼には仁を入れるべし。その礼のない奴を、失礼、無礼という。

34：成功の反意語は、不成功や失敗ではなく、

〝挑戦しないこと、逃げること、言い訳すること、誤魔化すこと〟だ！

35：ありがとうの反意語は、〝当り前〟という言葉であることを知っている。

36：ありがとうと言える人にもなりたいが、

〝ありがとう〟と言われる人にはもっとなりたい。

37：4パターンの法則を知っている。

①才能があって、努力する人　②才能がなくて努力する人

③才能があって努力しない人　④才能がなくて、努力しない人

あなたはどれですか？

才能なんて目に見えないものは当てにせず努力すれば①になるかもしれない。

38：努力しているか、していないのかは周りの人が思うことで、

自分で思うことでも口に出すことでもない。

39：心に、一本筋を通すと〝必〟になる＝心に本気で決めたことは、必ず実現する。

40：一点突破！　自分の最強の武器で勝負する。野球も人生も！

41：地球の自転速度は、時速1700km、
公転速度は時速10万8000kmであることを知っている。
42：うどん屋は、うどんを売る。流行に流されない。
器やトッピングで誤魔化さず、素うどんで勝負できないような店は話にならない。
43：世界に誇るTOYOTAもHONDAもSONYも、
もともとは小さな町工場から始まった。
44：練習、食事、睡眠、勉強、あらゆる行動が修行であり、
修行は自分の手で片付けを完了した段階で身に付くことを知っている。
45：テレビを見ながら、ラーメンを食べる動作に、
プレーのヒントが隠れていることを知っている。
46：ファミレスに行った時に、座った瞬間に注文ができる。
『じゃ、僕も同じで』とは決して言わない。
47：ずっとやり続けていることがある。それがあるから自分である。
48：信頼とは、要求された以上の結果を出し続けた時に生まれるものである。
49：チャンスは与えられるものではない。しかし、どこにでも転がっている。
だから、どんな小さなこともチャンスだと思い、

目の前の事を一生懸命している人にしか見えないし、つかむこともできない。
50：夢は逃げない、自分が夢から逃げるだけ。夢を持つ人10000人、夢に向かって行動する人100人、やり続ける人1人。
51：Do not think, Feel!　考えるな感じろ！ by ブルース・リー
52：神様は細部に宿る。
53：運命は、勇者に微笑む。最大の危機は勝利の目前にある byナポレオン
54：どんな偉い人も教えること、育てることはできない！　自ら学び、育つだけ！
55：相手に敬意を、自分に決意を！
56：頼まれ事は、試され事！
57：自分で得たものしか身につかない。教わることは何もない。自らが自分の意志で学ぶだけ。
58：働くとは、はた（周囲）を楽にすることや楽しませることで、決して金儲けや自己欲求の達成ではない。
59：働くという漢字は、人に動く。人のために動くことである。自分のためではない。
60：無理、もうダメだと思ってから、もう少しだけ、今できることを少しだけやってみる。

61：あと10cm掘れば、ダイヤモンドが出たのに次の場所を掘っているかもしれない。
62：ブレークスルーの意味を知っている。
一度は経験したこともある。だから、練習が好きになってしまった。
63：自由とは〝自分が、ここにいる理由を見つけること〟。
そして、それを周りの人に生き様で証明すること。
64：昨日の自分より、上手くなりたい！
明日死んでもいいように、今日を生きる by ガンジー
65：不安の先に喜びがある。孤独が人を強くする。
66：部訓も法律も校則も、全員が実践しなければ　こんなものただの紙クズである。

Profile

堤 尚彦（つつみ・なおひこ）

1971年兵庫県生まれ。東京都立千歳（現・都立芦花）高校卒業後に東北福祉大学に進学。ともに野球部に所属。大学卒業後に青年海外協力隊でジンバブエに2年間滞在し、アフリカの地で野球の楽しさを普及。99年には再び青年海外協力隊員としてガーナに1年間滞在。帰国後はスポーツマネジメント会社に勤務し、女子プロゴルファー・諸見里しのぶのマネジメントなどを務め、2006年におかやま山陽高校野球部の監督に就任。監督になって12年目の17年の夏に全国高校野球選手権大会に、翌18年の春には選抜高等学校野球大会に出場を果たす。おかやま山陽高校の野球部では、11年からJICAの「世界の笑顔のために」プログラムを通じ、中古の野球道具を開発途上国に送る活動を続けている。また、教え子を青年海外協力隊員などに育て、野球の普及の人材育成などにも尽力している。青年海外協力隊時代から続ける「世界に野球を普及する活動」が縁となり、99年のシドニー五輪アフリカ予選のガーナ代表コーチ、2003年アテネ五輪アジア予選のインドネシア代表コーチ、19年の東京五輪アフリカ予選のジンバブエ代表監督を務めた。

編集　田澤健一郎　船木圭子（東京ニュース通信社）
構成　井上幸太
デザイン　金井久幸＋藤 星夏（TwoThree）
DTP　TwoThree

アフリカから世界《せかい》へ、そして甲子園《こうしえん》へ

規格外《きかくがい》の高校野球監督《こうこうやきゅうかんとく》が目指《めざ》す、世界普及《せかいふきゅう》への歩《あゆ》み

第1刷　2023年7月3日
第2刷　2023年9月4日

著者　堤 尚彦

発行者　菊地克英

発行　株式会社東京ニュース通信社
〒104-6224　東京都中央区晴海1-8-12
電話 03-6367-8023

発売　株式会社講談社
〒112-8001　東京都文京区音羽2-12-21
電話 03-5395-3606

印刷・製本　株式会社シナノ

ISBN 978-4-06-532933-7